Alle Angaben werden vertraulich behandelt.
* Der Newsletter kann jederzeit abbestellt werden.

Name/Vorname:

Straße:

PLZ, Ort:

Telefon:

E-Mail:

Geburtsdatum:

Bitte senden Sie mir:
- [ ] weitere Informationen aus dem Schirner Verlag
- [ ] den Schirner Newsletter (nur als E-Mail*)
- [ ] das SPIRIT live & Schirner Magazin

Diese Karte entnahm ich dem Buch:

Würden Sie dieses Buch weiterempfehlen?

Vielen Dank!

Das Porto übernehmen wir für Sie!

Antwort

Schirner Verlag
Elisabethenstr. 20 – 22
D-64283 Darmstadt

Susanne Hühn

Seminare leiten

♥ ohne Selbstausbeutung
♥ ohne Energieverlust

ISBN 978-3-8434-5110-9

Susanne Hühn:
Seminare leiten
ohne Selbstausbeutung – ohne Energieverlust
©2015 Schirner Verlag, Darmstadt

Umschlag: Murat Karaçay, Schirner,
unter Verwendung von #74727892
(antoshkaforever) und #100601029
(donatas1205), www.shutterstock.com
Redaktion & Satz: Claudia Simon, Schirner,
unter Verwendung des Bildes vom Umschlag
Printed by: Ren Medien GmbH, Germany

www.schirner.com

1. Auflage Februar 2015

Alle Rechte der Verbreitung, auch durch Funk, Fernsehen und
sonstige Kommunikationsmittel, fotomechanische oder vertonte Wiedergabe
sowie des auszugsweisen Nachdrucks vorbehalten

Inhalt

Einleitung 7
Was bedeutet es für dein Energiesystem,
ein Seminar zu geben? 11
Wie schützt du dich und den Raum? 19
Wie können wir gut für uns sorgen? 31
Deine Erdung 41
Geld ist fließende Energie 49
Sichere Räume schaffen.. 59
Dein eigenes Energiefeld klären 67
Energiefelder spüren 79
Energien nach einem Seminar trennen.................... 87
Nachwort..91
Über die Autorin.. 93

Einleitung

Lieber Leser, dieses Buch ist von mir für dich. Du machst eine wundervolle Arbeit und bist für viele Menschen da, gibst all deine Liebe und dein Wissen weiter. Und genau das möchte ich nun auch dir schenken: meine Liebe und mein Wissen.

Dieses Büchlein will dich daran erinnern, dich nicht nur um all die anderen, sondern auch um den wichtigsten Menschen in deinem Leben zu kümmern: um dich. Denn für andere da zu sein, ist zwar zutiefst erfüllend, kann aber auch sehr anstrengend sein.

Was brauchst du, um ein Seminar geben zu können, das auch dich selbst nährt? Wie sorgst du hinterher gut für dich, und was darfst du beachten? Wie wirst du die sprichwörtlichen Geister, die du riefst, wieder los? Das gebe ich dir hier in diesem Buch weiter. Deine Arbeit ist sehr kostbar, bereichernd für alle, und je achtsamer du mit dir selbst umgehst, desto weniger erschöpft sie dich auf die Dauer.

Zunächst möchte ich dir etwas ganz Grundsätzliches über das Geben von Seminaren sagen. Es gibt eine sehr ungesunde Idee, die Kreise zieht: Dass du, je »weiter« du bist, immer größere Gruppen anbieten und halten, vor allem aber immer größere Seminare füllen kannst. So, als würde sich die Qualität deiner Arbeit an der Länge deiner Warteliste messen lassen. Es ist eine Art Konkurrenzkampf entstanden. Wer hält die größten Seminare? Wie viel hatte der? Was, du hattest nur fünf?! Ja, so habe ich auch einmal angefangen. Neulich sagte mir jemand, als ich erzählte, dass ich ein wundervolles Seminar mit acht Leuten gegeben hatte und dass meine liebste Gruppengröße bei zehn bis zwölf Leuten liegt: »Ja, noch. Wenn du das ein paar Jahre machst, dann werden es mehr.« Na, danke für das Gespräch, mein Lieber.

Leute. Ernsthaft. Das ist Seelenfängerei, Rattenfängertum. Worum geht es denn wirklich? Wenn du voller Liebe bist, im Dienst an dem, was das Leben durch dich leben will, wenn du dein Inneres Kind gut versorgst und du als Priester oder Priesterin des Lebens anderen zur Verfügung stehst, dann werden genau die Menschen zu dir kommen, die jetzt und heute das brauchen, was du zu geben hast. Lass dich nicht von den Massen blenden. Nur weil viele in ein Seminar gehen, ist es noch lange nicht gut. Aufgepasst, mache keinen Umkehrschluss! Nur weil viele hingehen, ist es aber auch noch lange keine oberflächliche Massenveranstaltung! Wähle sorgsam, wenn du schon nach anderen schaust, welche Sichtweise der Dinge du einnimmst, und lass dich von deinem eigenen Wohlgefühl leiten. Ich meine auch hin und wieder, ich müsste wer weiß wie viele Menschen anziehen, wenn ich ein Seminar gebe. Dann fühle ich mich irgendwie unzulänglich, und im schlechtesten Fall fühle ich sogar Neid. Ich wage einmal zu sagen, dass es sehr vielen Seminarleitern so geht, egal, ob sie drüber reden oder nicht. Es gibt immer jemanden, der noch größere Hallen füllt. Doch immer wieder spüre ich: Nein. Ich ziehe genau die Menschen an, die das, was ich zu sagen und zu geben habe, heute brauchen und auch verarbeiten können. Mal mehr, mal weniger, aber darum geht es einfach nicht. Natürlich ist es schwierig, kleine Gruppengrößen zu akzeptieren, wenn du davon leben willst, aber so ist es nun einmal. Mache dir keinen Druck, und definiere Erfolg ganz allein nur für dich.

Du bist nur einem einzigen Wesen verpflichtet, dem aber voll und ganz: deiner eigenen Seele. Ihr musst du, bildlich gesprochen, in die Augen schauen, und wenn du das kannst, dann ist die Größe deiner Gruppe wirklich unwichtig. Ob drei oder dreihundert, wenn du natürlich und aufrichtig bist, das, was du vermittelst, nach bestem Wissen und Gewissen für dich anwendest, die Schritte gehst, die du auch deinen Teilnehmern zumutest, dann bist du auf dem einzig richtigen Weg, nämlich deinem. Lass dich nicht blenden, bitte, auch nicht von mir!

Du gibst also ein Seminar – egal, wie groß oder wie klein es ist. Jedes ist gleich wertvoll, lass dir nichts anderes einreden.

Was bedeutet es für dein Energiesystem, ein Seminar zu geben?

Wenn du ein Seminar gibst, bist du für die Sicherheit des Raumes verantwortlich – aber auch für deine eigene Sicherheit. Du stellst dich zur Verfügung, bist für die nächsten Stunden oder Tage ganz und gar für die anderen da. Deshalb überprüfe zunächst, ob du alles hast, was du brauchst. Bist du gut untergebracht? Ist der Raum warm oder kühl genug? Hast du die passende Musik dabei? Bist du bequem gekleidet? Ist dein Inneres Kind gut versorgt und in Sicherheit, damit du wirklich für die anderen da sein kannst? Hast du für dich selbst genügend Freiräume eingeplant, damit du dich regenerieren kannst? Und nicht zuletzt: Ist dein Honorar angemessen – was immer für dich angemessen meint? Bist du dir bewusst, was du brauchst?

Wenn wir zum Beispiel ein Urlaubsseminar geben, dann bedeutet es für mich ernsthaften Stress, mit den Teilnehmern abends essen zu gehen. So gern ich die gemeinsame Zeit genießen würde, so wenig kann ich es, weil ich einfach aus der Rolle der Seminarleiterin nicht herauskommen kann – und es wäre meinem Gefühl nach auch äußerst unprofessionell, abends die Freundin zu spielen und tagsüber wieder diejenige zu sein, die die Verantwortung hält. Das passt einigen Teilnehmern meiner Seminare nicht, das weiß ich, aber es ist einfach so. Letztlich wollen die Teilnehmer, die dich »auch mal privat erleben« möchten, einfach mehr von deiner Energie haben, und das saugt dich aus. Wer dich wirklich als Privatperson meint, der respektiert deinen Wunsch nach Ruhe.

Du musst dich also entscheiden: Bist du Seminarleiter, oder bist du Privatperson? Der Unterschied ist riesig. Denn als Seminarleiter haben deine eigenen Befindlichkeiten und Meinungen nichts bei den Teilnehmern zu suchen. So mache dir bewusst, dass du eine besondere Rolle innehast, und schaue, was du brauchst, um dir selbst Auszeiten zu geben. Ich werde immer wieder gefragt, ob ich nicht einfach auch mal locker sein und die Rolle der Seminarleiterin für einen Moment abgeben könnte. Ganz ehrlich: Nein. Natürlich nicht. Entweder ich bin in Verantwortung oder eben nicht. Und wenn deine Teilnehmer ehrlich sind, dann wollen sie das auch gar nicht. Im Gegenteil. Die meisten wissen es sehr zu schätzen, dass du verlässlich bist.

Wenn du dir den Energiekreislauf anschaust, den ein gutes Seminar haben sollte, dann erkennst du, wie absurd es ist, als Seminarleiter privat anwesend sein zu wollen.

Deine Teilnehmer brauchen Raum, um sich selbst tiefer zu spüren, als ihnen das üblicherweise möglich ist. Du gibst und hältst diesen Raum. Das heißt aber auch, du kannst ihn nicht gleichzeitig für dich mitnutzen, sonst missbrauchst du die Energien der Teilnehmer. Diese vertrauen dir, du bist für ihre Sicherheit verantwortlich. Nutzt du den Raum für dich selbst, dann schwächst du ihn, und das ist einfach nicht das, was verabredet war.

So mache dir bitte klar, welch hohe Verpflichtung du eingehst, wenn du ein Seminar gibst. Weder dein Inneres Kind noch deine privaten Gefühle haben etwas im Seminar zu suchen, sonst kannst du nie sicher sein, dass du nicht projizierst.

Bevor du ein Seminar gibst, probiere folgende Übung aus:

Stelle dir vor, es gäbe den Platz des Seminarleiters, wie beim Familienstellen. Es ist ein Kraftplatz, den du irgendwo im Raum wahrnimmst. Und dann stelle dich bitte mitten darauf, und fühle die Energie dieses Platzes.

Spätestens jetzt erkennst du, was es bedeutet, ein Seminar zu leiten. Du bist verantwortlich für den Raum, für die Klarheit, für die Struktur des Ganzen. Du bist verantwortlich für die Kräfte, die du rufst, und dafür, dass jeder Teilnehmer genug Raum bekommt. Es geht einfach nicht um

> dich, sondern du stellst dich selbst voll und ganz zur Verfügung. Deshalb ist es so wichtig, dass du vorher, währenddessen, in den Pausen und hinterher gut für dich sorgst.

Was geschieht eigentlich, während du ein Seminar gibst? Du stellst dein mentales System, deine Nervenzellen, deine Aufmerksamkeit, deine Konzentration und vor allem deinen Emotionalkörper voll und ganz für andere zur Verfügung. Du öffnest dich für die Bedürfnisse anderer – und das weitaus mehr als sonst. Du lässt dich selbst zum Instrument für all das werden, was durch dich geschehen will. Dabei spielt dein Thema keine Rolle. Egal, ob du sehr emotional und tief greifend mit anderen arbeitest oder ihnen einen mental orientierten Vortrag hältst, du bist bis in jede Faser konzentriert und stehst im Dienst dessen, was du tust. Dein Inneres Kind hast du geschützt und an einen inneren sicheren Ort gebracht (das ist wichtig, damit du nicht aus dem unbewussten Anteil des Inneren Kindes heraus agierst und in Resonanz gehst), wo es zwar versorgt ist, aber nicht im Außen handeln kann und darf. Du musst funktionieren, vernünftig und verantwortlich sein, und das kann dein Inneres Kind ziemlich langweilen. Wenn du ein Seminar gibst, kannst du einfach nicht deinen eigenen persönlichen Bedürfnissen folgen, wie immer, wenn du arbeiten gehst und im Dienst stehst.

Ein Seminar zu einem spirituellen oder psychologischen Thema zu geben ist zwar äußerst erfüllend, aber es beansprucht deine Nervenzellen stärker, als es dir vielleicht bewusst ist. Die Menschen, die zu dir kommen, sind bedürftig, sie brauchen etwas für sich. Und weil du dich bereit erklärt hast, ihnen zur Verfügung zu stehen, bist du ganz und gar offen für ihre Energien. Du schützt dich zwar, aber du willst für sie da sein, deshalb gibst du während des Seminars oft mehr, als dir selbst gerade zu Verfügung steht. Im Schamanismus lernen wir:

Nähre dich dreimal, erst dann gib etwas weiter. Das erste Mal nährst du dich selbst, das zweite Mal stärkst du deine Reserve, und das dritte Mal brauchst du, damit du etwas zu geben hast.

Wozu ist das Schützen nötig? Oft höre ich von begeisterten Seminarleitern, dass sie so von der Energie des Seminars getragen werden, dass sie sich weder schützen noch hinterher auftanken müssen. Wenn ich diese Menschen dann frage, seit wann sie Seminare geben, nämlich erst seit wenigen Jahren, wird mir alles klar.

Beute dich nicht selbst aus. Sonst kannst du deinen Beruf nicht lange machen. Gerade wenn dich ein Seminar, das du gibst, selbst trägt und nährt, ist die Gefahr groß, dass du die Menschen, die zu dir kommen, deinerseits energetisch anzapfst, ohne es zu wissen. Wenn du ein Seminar gibst, musst du auf jeder Ebene gut genährt sein, damit du nicht von der Energie der Menschen, die zu dir kommen, abhängig wirst. Sonst gibst du zwar vordergründig, aber in Wahrheit ernährst du dich energetisch von ihrer Aufmerksamkeit und Bewunderung. Es gibt Energie-Junkies unter den Seminarteilnehmern, aber auch unter den Seminarleitern. Der energetische Absturz nach einem Seminar ist vorprogrammiert, wenn du dein Publikum brauchst, um selbst genährt zu sein. Es ist eben kein ausgeglichenes Geben und Nehmen, das darf es nicht sein. DU gibst, SIE nehmen, und so ist es auch richtig. Du bist als Seminarleiter in der Rolle des Vaters, der Mutter, des Lehrers, der Lehrerin, und du stellst Energie zur Verfügung. Woher du sie selbst bekommst, ist je nach Seminar unterschiedlich, aber selbst wenn du an die höchsten Engelenergien angebunden bist, an die stärksten Kräfte der Erde, so stellst du sie durch dich zur Verfügung, du spürst sie, leitest sie, hast voll und ganz die Verantwortung für das, was im Raum geschieht. Auch wenn du dich von geistigen Kräften führen lässt, so bist DU in Verantwortung, denn die Art der Führung hängt vollkommen davon ab, wie du dich führen lässt und wie klar und gut du ausgebildet bist.

Wenn du das alles anerkennst, dann klingt es ziemlich anstrengend, ein Seminar zu geben, nicht wahr? Denn das ist es. Du hältst die ganze Zeit die Energie, schützt den Raum, die Menschen, führst sie in und durch ihre Prozesse, bist präsent und stehst ganz und gar im Dienst am Leben. So erfüllend das auch ist, so hoch die Kräfte auch schwingen – du selbst, dein Menschsein, deine eigenen Nervenzellen brauchen einen Ausgleich, damit sie in ihre eigene Schwingung zurückkommen können. Du stellst deinen Körper und deine feinstofflichen Schichten wie Instrumente für das Lied der Liebe und der Erkenntnis zur Verfügung, doch du selbst hast ein eigenes, menschliches Lied. Nach einem Seminar brauchst du Zeit, damit sich deine Instrumente wieder ausrichten und entspannen können.

Wie schützt du dich und den Raum?

1. Schicke dein Inneres Kind an einen sicheren Ort in dir. Es hat in einem Seminar absolut nichts zu suchen. Nutze dazu zum Beispiel die Meditation »Der Zaubergarten des Inneren Kindes« oder eine Technik, die dir vertraut ist. Besonders wichtig ist es, dass du einen Engel oder eine andere Wesenheit deines Vertrauens rufst, die sich während des Seminars um dein Inneres Kind kümmert. Es genügt nicht, es an die Hand zu nehmen, du brauchst eine Art inneren Kindergarten, wo es sicher und geschützt, gut aufgehoben ist, damit du die Hände frei hast, um für andere da zu sein. Die Gefahr der Resonanz wäre sonst zu groß.

2. Lege dir ein Medizinrad aus, räuchere dich und, wenn es zum Seminar passt, auch die Teilnehmer ab.

Medizinrad:
Nimm vier große Steine und gegebenenfalls einen Kompass mit in den Seminarraum. Lege bitte in jede Himmelsrichtung einen der Steine, und rufe die Kräfte der entsprechenden Himmelsrichtung in den Raum. Der Osten steht für das Feuer der Kreativität, der Westen für die

Erde, das Halten, die Stabilität, der Süden steht für das fließende Wasser und die Gefühle, der Norden für Klarheit, Vereinbarungen und für das Element Luft. Wenn du dich tiefer damit beschäftigen willst, nur zu, aber um den Raum zu schützen, genügt die eindeutige Absicht, diese Kräfte wirken zu lassen. Es sind natürliche, irdische Kräfte, und so wissen sie selbst, was sie zu tun haben.

Nach dem Seminar entlässt du die Kräfte wieder und sammelst deine Steine ein, außer es ist sowieso dein eigener Raum.

3. Sammle deine eigenen Energien ein, und verknote sie. Dazu stellst du dir vor, dass aus dir Fäden herausströmen, mit denen du dich mit allen möglichen Menschen und Situationen verbinden kannst. Du greifst mit beiden Händen nach diesen Fäden (drehe dich einmal um dich selbst, damit du alle erwischst), bündelst sie und verknotest sie in Gedanken vor dem Bauch. Warum? Die Gefahr besteht, dass diese Fäden, wenn sie unbeaufsichtigt sind, Resonanzen erzeugen, womöglich gar deine eigenen Bedürftigkeiten spiegeln. Du kannst einfach nicht sicher sein, dass du dich nicht selbst energetisch an deine Teilnehmer hängst, wenn deine Fäden wild herumflattern, verstehst du?

Dazu ein ganz typisches Beispiel: Du hast einen Teilnehmer in deiner Gruppe, der dich aus welchen Gründen auch immer besonders berührt, mehr Mitgefühl in dir erzeugt, als du das üblicherweise spürst. Du fühlst dich irgendwie tiefer und persönlicher mit ihm verbunden. Das ist ganz wunderbar, hat aber nichts in einem Seminar zu suchen. Hast du nun deine Fäden nicht eingesammelt, dann wird etwas in dir eine Verbindung zu diesem Teilnehmer aufnehmen, und du kannst nicht mehr ganz frei und offen für ihn da sein, weil sich eure Energien vermischen. Du spürst nicht mehr ihn, sondern dich in Bezug auf ihn, und dann projizierst du.

Besonders wichtig ist es, deine eigenen Bedürftigkeiten bei dir zu behalten, deinen Wunsch, zu gefallen, gut zu sein, gemocht zu werden, Anerkennung zu finden.

Eine wirkliche Falle bilden verführerische Teilnehmer, Menschen, die sich Energien über Schmeicheleien ergattern oder die dich allzu sehr verehren. Es sind deine Teilnehmer, sie dürfen so sein, wie sie sind, sie dürfen auch Muster haben. Es ist deine Aufgabe, nicht darauf hereinzufallen, dich nicht verführen zu lassen.

Affären mit Seminarteilnehmern sind tabu, denn diese kommen zu dir, weil sie etwas von dir brauchen, und verwechseln das, was du ihnen gibst, mit dem Menschen, der du bist. Eine Beziehung zwischen Seminarleiter und Seminarteilnehmer findet niemals auf Augenhöhe statt, da gehört sie auch nicht hin. Spätestens wenn du selbst ein Seminar besuchst, wird dir das klar. Deine Bedürftigkeit hat in einem Seminar einfach absolut nichts zu suchen, und die deiner Teilnehmer darfst du nicht ausnutzen. Natürlich finden dich deine Teilnehmer toll. Du gibst ihnen ja auch etwas, wonach sie vielleicht schon lange gesucht haben. Aber sie meinen nicht dich, sondern das, was du ihnen gibst. Verwechselst du die Ebenen, so missbrauchst du ihr Vertrauen, das sage ich ganz ausdrücklich, und ich meine es auch so.

4. Rufe die Kräfte, mit denen du arbeitest, entweder vor Seminarbeginn oder als Eingangsritual. Als Frau rufe besonders Mutter Erde, als Mann besonders die Kraft des Feuers, der Sonne. Ich bitte oft auch die Teilnehmer selbst, die lichtvollen Kräfte ihres Vertrauens zu rufen.

Überprüfe während des Seminars immer wieder, ob der Raum noch sicher ist, indem du dir zum Beispiel vorstellst, dass du deine Flügel um deine Gruppe legst.

5. Achte auf Strukturen, die dir wichtig sind. Bei mir gibt es zum Beispiel keine Zwiesprache und keine un-

gebetenen Ratschläge vonseiten der anderen Teilnehmer während des Seminars, damit jeder bei sich bleibt. Welche Strukturen dir wichtig sind, liegt bei dir, aber achte darauf, dass sie eingehalten werden. Du bist verantwortlich, du bist nicht die nette Freundin von nebenan, sondern du leitest das Ganze. Deine Seminarteilnehmer müssen dich nicht nett finden, sondern sich sicher, gut aufgehoben und gesehen fühlen. Achte darauf, dass zum Beispiel Einzelgeschichten nicht zu viel Raum einnehmen, dass ihr nicht allzu weit vom Thema abkommt, dass es nicht um Meinungen, sondern um echte Inhalte geht. Diese Strukturen geben deinem Seminar die nötige Stabilität und deinen Teilnehmern die Sicherheit, sich fallen lassen zu können. Du möchtest ihnen einen Raum anbieten, in dem sie sich öffnen können, und das geht nur, wenn du für ihre Sicherheit sorgst – in jeder Hinsicht.

6. Mache dir bewusst, dass du nach dem Seminar eine Auszeit brauchst, und richte dir Zeit dafür ein. Du kannst nicht gleich wieder Verpflichtungen nachkommen, sondern brauchst eine Phase, in der du dich regenerieren kannst. Du hast sehr viel gegeben und dich mit deiner ganzen Kraft zur Verfügung gestellt, warst Projektionsfläche und Lehrer, jetzt brauchst du absichtsfreie Zeit, um dich selbst wieder zu spüren.

7. Respektiere mitfühlend deine eigenen Grenzen. Manchmal will das Herz mehr, als der Körper geben kann. Du bist ein menschliches Wesen und unterliegst somit den natürlichen Regenerationsprozessen, die nicht schneller werden, nur weil du spirituell arbeitest. Ein Kind braucht noch immer neun Monate, bis es geboren wird, egal, wie lichtvoll seine Seele auch sein mag. Die Gesetze des irdischen Wachstums haben sich nicht verändert, selbst wenn die Zeit schneller zu vergehen scheint.

Du brauchst eine bestimmte Zeit, um dich zu erholen, da nutzt all dein Wissen nichts. Du darfst mitfühlend mit dir selbst umgehen und dich gut pflegen. Es sind die Zellen, die sich erholen müssen. Wahre also bitte die Grenze, die dir dein Menschsein setzt. Diese Grenze ist variabel, je nachdem, wie viel Kraft du gerade hast. Mal kannst du viel geben, mal wenig. Mal brauchst du viel Ruhe und Rückzug, mal bist du mitten im Geschehen. Achte sorgfältig auf das, was heute für dich ansteht, und verschiebe deine Erholungsphasen nicht auf unbestimmte Zeit. Du hast diese Zeit nicht. Dein Körper hat nur das Heute, und wenn du Erholung brauchst, dann brauchst du sie heute.

Natürlich lieben wir das, was wir tun. Und natürlich sind wir angebunden an unsere inneren Führer, an die

Erdkraft, an unsere spirituellen Energien. Wenn du aber über ein paar Jahre hinweg immer wieder für andere Menschen da bist, dann kann es sein, dass dein eigenes Menschsein ein wenig müde wird, wenn du es nicht genügend nährst. Denn gerade wenn wir in unserer spirituellen Arbeit aufgehen, vergessen wir manchmal, dass wir selbst auch etwas brauchen und brauchen dürfen. Coabhängigkeit ist ein weitverbreitetes Thema in Heilerkreisen, und so möchte ich dir sehr ans Herz legen, gut für dich zu sorgen, selbst wenn du nicht bewusst spürst, dass du erschöpft bist oder gar ausgebrannt. Oder nicht weißt, wie du es ändern könntest. Denn je mitfühlender du bist, desto größer ist deine unbewusste Bereitschaft, die Leiden und Lasten der anderen zu übernehmen. Oder anders ausgedrückt: Je größer der Engel in dir ist, desto weniger kannst du verhindern, dass du die Lasten anderer auf dich nimmst, weil es diese Bereitschaft, ja, den Auftrag des Engels gibt, alles Schwere, weniger Lichtvolle in Liebe zu erlösen. Und wenn dein Klient das nicht tut oder es zu schwer für ihn scheint, dann übernimmst du es für ihn, unbewusst. Auf hoher Ebene ist das in Ordnung, denn Engel transformieren die Lasten anderer nur dann in Licht, wenn sie von der Seele dazu aufgerufen werden. Niemals *tragen* Engel die Lasten der Menschen. Das ist schon rein physikalisch nicht möglich, weil Engel viel feinstofflicher sind als die relativ grobstofflichen menschlichen Lasten im Mental- und Emotionalkörper. Der Engel, der du bist, hat auf feinstofflichen Ebenen kein Problem, er weiß genau, wann sein Dienst gebraucht wird. Er transformiert, trägt aber nicht. Für einen Mensch gewordenen Engel ist die Versuchung dagegen riesig, die Lasten der anderen aktiv mitzutragen. Warum ist das so? Einfach, weil du es als menschlicher Engel kannst.

Ich sage dir etwas: Es ist mehr als genug, wenn du deine eigenen Lasten trägst und erlöst und sie nicht anderen aufbürdest. Damit hast du genug zu tun. Und dadurch erlöst du genau das, was tatsächlich durch dich erlöst werden will. Sei da für andere, aber achte gut auf dich.

Eine sehr erfahrene Kollegin stellte sich während ihrer Aufstellungsarbeit immer in die violette Säule und glaubte sich dadurch genügend geschützt – bis sie schwer krank wurde. Die violette Lichtsäule ist wunderbar, aber die Wurzeln, die unteren Chakren, die, die die Lasten tatsächlich aufnehmen und tragen, brauchen eine andere Art der Reinigung, Entspannung und Stärkung. Trommeln, Tanzen, Gartenarbeit, Rolfing, Massagen, dynamische Meditationen – du kennst die Werkzeuge. Nutze sie zuallererst für dich.

Im Moment, jetzt, während ich das schreibe, bin ich in einer solchen Situation. Ich sitze an einem Messestand, es ist wirklich schön hier, super Publikum, tolle Kollegen, ich habe gerade einen Vortrag gehalten, morgen gebe ich ein Seminar. Ich kann hier nicht weg, bin Teil dieser Messe, habe Verpflichtungen übernommen. Und ich bin echt müde, erschöpft, ich will ins Hotelzimmer und lesen, Tee trinken, mich selbst spüren. Liebevolle Heiler kommen, fragen mich, ob ich etwas brauche, und ja, ich weiß, was ich brauche. Ruhe. Mein Buch, das ich gerade lese. Einer will mir Energie geben, doch ich spüre, dass das wie eine Droge wäre, denn in Wahrheit brauchen meine Nerven Erholung. Nicht noch mehr Energie, sondern eine Ruhezeit.

Was also tue ich, wie kann ich genau jetzt gut für mich sorgen? Zuallererst erkenne ich meinen Wunsch nach Ruhe an. Ich bitte meine Schutzengel um Hilfe und zeige ihnen, was ich brauche. Ich bitte sie, mir entweder einen Weg zu zeigen, Ruhe zu finden, oder mich durch die nächsten Stunden hindurchzutragen. Zum Glück habe ich meinen Laptop dabei. Diese Worte zu schreiben hilft, weil ich mich dadurch selbst spüre und deshalb meine Energie wieder wahrnehme. Ich kann mich beim Schreiben in mir selbst ausruhen.

Ein paar Minuten später gehe ich an einem Messestand vorbei, wo Massagen angeboten werden, und gerade jetzt wäre ein Termin frei. Ja, spüre ich, das ist es, was ich brauche, mein Körper will sich entspannen, ausruhen, einen Moment lang abschalten, damit sich meine Nerven, die all diese Energien ja durchleiten müssen, erholen können. Noch mehr Energie zu bekommen wäre für meine Nerven Stress. Eine Massage, in der ich mich erholen darf und loslassen kann, ist dagegen der reine Segen. Dankbar lege ich mich auf die weiche Bank und lass los, werde daran erinnert, wie wohltuend es ist, von anderen auf professionelle Weise berührt zu werden. Warum auf professionelle Weise? Weil ich sicher sein kann, dass diese nette Masseurin mir keine Energie nehmen wird, auch nicht aus Versehen, sie ist geschult, sie weiß, was sie tut.

Du kennst diese Umarmungen, bei denen du spürst, der andere schließt sich an dich an, als wärst du ein Akku, statt dir etwas zu geben? Halte dich davon fern, du spürst es bereits, wenn so jemand auf dich zukommt.

Dankbar schließe ich die Augen, lass mich berühren und komme wieder bei mir, in meinem ganz persönlichen, ureigenen Menschsein, an. Denn das ist es, was mein System braucht, nachdem ich so hohe Energien gehalten habe.

Wie können wir gut für uns sorgen?

Der erste und wichtigste Schritt, den ich auch immer wieder vergesse, deshalb jetzt hervorgehoben:

Lobe dich selbst für das, was du getan hast, erkenne dich an, klopfe dir auf die Schulter, und bestätige dir selbst, dass du es großartig gemacht hast. Denn das hast du.

Wenn du meinst, dass Eigenlob stinkt, dann zünde dir eine Vanilleduftkerze an, und tue es trotzdem. Du darfst dich selbst anerkennen, damit machst du dich unabhängiger von der Bestätigung von außen. Unangemessene Selbstkritik stinkt noch viel mehr, und nicht nur das, sie vergiftet schleichend und tödlich deine Lebensfreude.

Reinige dich, trenne dich bewusst von den Teilnehmern, ziehe deine Fäden zurück. Nicht nur, damit sie dich nicht weiterhin energetisch erreichen, sondern auch, damit du selbst nicht weiterhin Kraft und Aufmerksamkeit von ihnen ziehst, unbewusst natürlich, aber damit umso schädlicher. Im Schamanismus, wie ihn die Twisted Hairs lehren, geht man so weit, zu sagen: Wir trennen uns energetisch wieder ab, damit wir die anderen mit unseren unbewussten Bedürfnissen, Projektionen und Ansprüchen nicht verseuchen. Und ja: verseuchen.

Wie sorgen erfahrene Seminarleiter für sich? Die Grundlage für deine Selbstfürsorge ist anzuerkennen, dass du sie brauchst und natürlich brauchen darfst. Du hast viel für andere gespürt, und deine Nerven brauchen Erholung, indem du für eine Weile nur dich selbst spürst.

Hier einige Rituale:

Sonja von Staden, spirituelle Malerin und Heilerin, erzählte mir: »Ich vollziehe nach einem Seminar zunächst bewusst ein Trennungsritual, um mich von den eventuell noch vorhandenen Energien zu trennen.« Sie bittet Erzengel Michael, sein Schwert einmal um sie herum zu schwingen und alles in Liebe zu erlösen, was noch unerlöst ist. Sie gibt die Energien liebevoll zurück – und dann, sagt sie, liebt sie es, gut zu essen und zu trinken. Um wirklich zu sich selbst zurückzufinden, malt sie, sie tut also das, was sie am liebsten tut.

Melanie Missing, die mit Einhörnern in Kontakt steht, sagte: »Ich mache einen Waldspaziergang und verbinde mich mit den Kräften der Natur, sofort transformiert sich alles, was eventuell noch an mir hängt.« Sie verbindet sich mit den Naturwesen, achtet auf Zeichen am Wegesrand, lässt ihr Seminar Revue passieren und fragt innerlich nach, was sich beim nächsten Mal verbessern lässt. Sie segnet alle Teilnehmer, dankt ihnen für die intensiven Begegnungen und lässt sie dann los. Sport und Bewegung helfen ihr, sich zu erden. Außerdem, sagte sie, aber das soll ich nicht schreiben, tanzt sie sehr gern zu Technomusik. ☺

Shantidevi Felgenhauer, eine erfahrene Heilerin, reinigt sich mit einem Salzbad und schenkt sich, wenn irgend möglich, einen Wellnesstag in einem Spa. Sie nutzt das Wasserelement, um mit sich selbst wieder in tiefen Kontakt zu kommen, schwimmt, lässt sich massieren.

Wir alle, die wir uns bewusst nach einem Seminar nähren, beziehen ausdrücklich den Körper und Bewegung mit ein. Ich nehme mir nach einem Seminar den iPod, suche mir Musik aus, die mir gefällt, stelle mich in meinen Garten, am liebsten mitten in die Sonne, tanze wild und schüttle meinen ganzen Körper. Ich schaue mir meine Lieblingsserie an und lass so meine Nerven von all dem Spüren der fremden Energien ausruhen. Ich lese spannende Romane, mache Sport, gehe in die Natur, kümmere mich um meinen Garten. Außerdem vollziehen Mike und ich natürlich immer das weiter oben beschriebene Ritual des Energie-zu-sich-Zurückziehens. Ich dusche bewusst sehr lange und nutze am liebsten Lavendelduschcreme, außerdem erlaube ich mir, wenn es möglich ist, mindestens einen Tag lang niemanden zu sehen und nicht zu telefonieren, um ganz bei mir sein zu können – geliebte Familienmitglieder ausgeschlossen. Ich ziehe mich zurück, schreibe, meditiere nur für mich, ohne etwas dabei für andere spüren zu wollen, und bin einfach bei mir.

Etwas ganz Besonderes habe ich auf einer Fahrt durch Österreich erlebt: Ein wilder, klarer Wasserfall schäumte direkt neben der Straße eine Schlucht hinunter. Ich stellte mich so dicht wie nur möglich an diesen Wasserfall und nahm die unbändige Energie des Wassers in mich auf, ließ die Kontrolle los und schüttelte alles ab. Das erlebe ich in Natur nur sehr selten, und es ist einfach ein riesiges Geschenk.

Und natürlich habe ich Sex. Nichts reinigt dich schneller als sexuelle Energie, die du durch deinen ganzen Körper hindurchleitest, bis du wieder kraftvoll und klar bist.

Mike setzt sich auf sein Motorrad, ist zwei Tage allein unterwegs oder verbringt eine Nacht in der freien Natur, er legt sich selbst ein Medizinrad und vollzieht seine schamanischen Rituale.

Besonders beeindruckt hat mich Folgendes: Sandy Taikyu Shimu Kuhn, die in ihrem Buch »Mit Buddha Tee trinken« die Teezeremonie beschreibt, führt mit ihrem Mann tatsächlich täglich diese Zeremonie durch, sie haben sogar ein Reiseteeset. Außerdem meditieren sie jeden Tag zusammen und praktizieren ihre Kampfkunst. Jeden Tag! Respekt.

So diszipliniert bin ich nicht. Wenn ich intensiv und konzentriert gearbeitet habe, braucht mein Inneres Kind Auszeiten, in denen es einfach albern sein kann. Mike und ich reden nach einem Seminar sehr viel Unsinn (das ist aber echt nicht nett, wenn du jetzt sagst, wir reden auch während des Seminars viel Unsinn ☺) und lachen über alles Mögliche. Die Inneren Kinder spielen erleichtert miteinander und toben sich aus.

Wozu ist all das nötig, sind wir nicht geführt, werden wir nicht genährt durch all die Energien, mit denen wir arbeiten? Wenn ich das meinen Körper frage, höre ich immer wieder Folgendes: »Ich spüre all diese Energien, die nicht meine sind, ich stehe zur Verfügung für all das, was durch dich zur Erde kommen will, und diene diesen hochschwingenden Kräften. Ich brauche Auszeiten, um mich selbst wieder zu stabilisieren, zu regenerieren, um in meine eigene Schwingung zurückzufinden. Ich verliere meine ureigene Körperschwingung, wenn ich all diese Energien halte, spüre, durchlebe und nach außen sichtbar mache. Ich muss ausschwingen, um mich selbst wieder zu spüren.«

Tue, was sich für dich gut anfühlt, tanze, lache, sei albern, lass los. Überprüfe nur bitte, ob das, was dir vermeintlich guttut, keine Sucht ist. Wenn ich mir nach einem Seminar Energie in Form von zu viel Schokolade gebe, dann tut mir das nicht wirklich gut, das kann bei dir anders sei, sei bitte nur aufmerksam. Du hast einen großartigen Job gemacht, einen wertvollen Dienst erwiesen. Und jetzt darfst du dich ausruhen.

In der spirituellen Szene kursieren so komische Ideen, die mir als genesende Perfektionistin und als Leistungskind nicht guttun und auf die du bitte erst gar nicht hereinfällst. Denn du DARFST etwas brauchen, auch wenn du die tollste Engelenergie channelst und mit den coolsten Krafttieren verbunden bist. Es ist dein Körper, der etwas braucht, deine Nerven und dein emotionales System müssen sich erholen.

Besonders gefährlich (ja, ich meine gefährlich) finde ich die Idee: »Wenn du ganz und gar in der Liebe bist, dann brauchst du dich nicht zu schützen.« Ach ja? Woher wissen wir das? Wer ist schon ganz und gar in der Liebe und weiß, was dann wäre und sein könnte? Gerade wenn du glaubst, du bist voll und ganz in der Liebe, ist die Gefahr ziemlich groß, dass sich dein Ego breitmacht und dadurch Tür und Tor für alles Mögliche öffnet. Erleuchtete sind natürlich ausgeschlossen, aber die kommen nicht mit solchen Worten daher, sondern sind im Mitgefühl, nicht im Dogma. Ich bin nicht einmal sicher, ob das mit der Liebe so stimmt, meinem Gefühl nach geht es um Bewusstsein. Je bewusster du bist, desto klarer kannst du sein, und umso besser passt du auf dich auf. Denn was bedeutet Liebe auf der Erde? Doch wohl auch, gut für sich selbst und für den Menschen, der du bist, zu sorgen, oder?

Du brauchst nicht »besser« zu sein als andere. Wenn du Seminare gibst, sind die Anforderungen an dich sehr hoch. Menschen projizieren alles Mögliche auf dich, und es kann leicht passieren, dass du darauf hereinfällst. Dein wichtigster Schutz sind deine Klarheit und deine Authentizität. Ich könnte auch einfach sagen: Sei ehrlich.

Wem dient es, wenn du so tust, als wärst du unverletzbar, nicht menschlich? Die Menschen wollen von dir lernen, wie es ist, hier auf Erden glücklich zu sein. So lerne selbst, es zu sein. Im Himmel brauchen wir nichts. Meine Seele braucht nichts, sie ist angebunden und eins mit allem. Mein Menschsein aber braucht wie jedes biologische Wesen auf dieser Erde eine ganze Menge, denn hier spielt die Musik der Schöpferkraft. Je besser du dein eigenes Menschsein nährst, desto besser kannst du für all die anderen da sein.

Unglückliche Seminarleiter, die sich in Wahrheit nach ihrem spirituellen Zuhause sehnen, dienen auf Erden nicht wirklich. Erlaube den Aspekten, die ins Reich deiner Seele zurückkehren wollen, das zu tun, und komme mit den Aspekten zurück, die stabil auf der Erde sein wollen. Stärke dein Menschsein, tue das, was dich tief erfüllt, egal, was es ist, und gehe offen damit um. Denn wir beginnen, ein Bild von uns aufzubauen, wenn wir nicht sorgfältig darauf achten, berührbar zu bleiben. Dieses Bild zieht uns manchmal noch weitaus mehr Kraft aus den Knochen als die Seminare selbst, vor allem, wenn wir es aufrechterhalten wollen.

Ich erlebe immer wieder, je ehrlicher ich mich mit dem zeige, was ist, desto weniger verletzbar bin ich, denn ich zeige meine Themen sowieso. Ausgenommen sind natürlich meine wahrhaft verletzlichen Aspekte, die gehören auf keinen Fall in die Öffentlichkeit, sondern in mein Herz, gegebenenfalls auf die Couch meines Therapeuten und unbedingt in die Arme meines Liebsten.

Deine Erdung

Besonders wichtig ist es, dich als Seminarleiter gut zu erden. Das weißt du sowieso, aber was bedeutet das?

Dazu ein Beispiel:

Letztes Jahr war ich sehr viel unterwegs, Kongresse, Messen und Seminare. Alles war wundervoll, ich liebe diese Arbeit. Doch eines Tages saß ich in meinem Hotelzimmer und weinte. Einfach so. Ich wollte heim. Eine liebe Freundin und Kollegin sah mich und gab mir einen ausgezeichneten Rat: »Erschaffe dir eine ganz besondere Erdung, wenn du Seminare gibst. Nutze nicht deine private Erdung, sondern erschaffe dir eine neue.«

Übung: Dein Erdchakra

Schließe bitte deine Augen, und bitte darum, jetzt dein sogenanntes Erdchakra spüren oder sehen zu dürfen. Es befindet sich etwa dreißig Zentimeter unter deinen Füßen und verbindet dich mit der Erde. Mutter Erde erkennt deine Seele an diesem Energiezentrum. Nimm es wahr, und fühle es. Egal, wie es sich anfühlt – bitte jetzt darum, dass

> dir die Erde aus ihrem Herzen heraus ein neues Erdchakra schenkt, zunächst für dich als Mensch, privat, als Frau oder als Mann. Es steigt aus der Erdmitte, aus ihrem Herzen heraus zu dir auf, und du machst in Gedanken einen Schritt, stellst dich mitten darauf. Nimm wahr, wie es sich anfühlt, und lass diese Kraft in dich hineinfließen.
>
> Jetzt bitte darum, dass ein zweites Erdchakra entsteht – jenes, welches du für deine Arbeit nutzen kannst. In den meisten Fällen ist es ganz anders als das private, weil du als Seminarleiter ganz andere Anforderungen zu meistern hast. Nutze dieses Erdchakra, indem du es rufst und dich daraufstellst, während du arbeitest.

Mein inneres Bild war so: Normalerweise habe ich ein sehr leuchtendes Erdchakra, das die Farben wechselt und mich sanft hält. An diesem Tag aber, in diesem Hotelzimmer, war es wie ein großes Stück Felsen. Darauf wuchs ein riesiger, knorriger Baum, mit dem ich fast verschmolzen war. Nur mein Gesicht und meine Arme waren frei. Das würde mich normalerweise total einengen. Doch an diesem Tag war es perfekt. Ich konnte reden und mit den Händen gestikulieren, also meinen Vortrag halten, aber mein gesamter Körper war verschmolzen mit Mutter Erde, mit diesem Baum. Ich war zu Hause.

Schreibe dir eine Liste mit dem, was du brauchst, um dich selbst zu nähren, und nimm dir die Zeit, das auch zu tun.

Hier eine kleine Auswahl der wichtigen Aspekte:

★ Lobe dich selbst!
★ Erkenne an, dass du nun deinerseits etwas brauchst.
★ Reinige dich von all den Energien, die du aufgenommen und gerufen hast.
★ Ziehe deine Energien voll und ganz zu dir zurück, damit du weder selbst hängen noch verfügbar bleibst für die Bedürftigkeit der anderen.
★ Nimm dir eine Auszeit, in der du nur dich selbst zu spüren brauchst.
★ Tue das, was dir physisch Spaß macht, gerade dein Körper braucht Zeit und Muße, um in seine eigene Schwingung zurückzukommen – und kümmere dich um dein Inneres Kind!
★ Nähre dich mit allem, was deiner Seele guttut, über Musik bis hin zu Kunst, Büchern, Seminaren, die du für dich selbst nimmst.
★ Halte dich fern von emotionalen Dramen anderer und deinen eigenen. Deine Gefühle brauchen eine Zeit der Gelassenheit und Ruhe.

- ★ Suche dir bitte Hilfe, wenn du etwas brauchst, denn wenn du mit anderen arbeitest, werden deine eigenen Themen sicht- und spürbar.
- ★ Übe dich in Demut vor dem Menschen, der du bist. Lerne, verfeinere dich selbst immer weiter, kläre dich, tue das für dich selbst, was du andere lehrst.
- ★ Übe dich im Neinsagen.

Wie aber können wir auch dann gut für uns selbst sorgen, wenn uns das Leben beutelt, wenn uns der Sturm unserer eigenen Angelegenheiten um die Ohren pfeift? Manchmal heißt es dann einfach: Durchhalten! Damit meine ich auf keinen Fall, ins Opfersein zu gehen, sondern die Kräfte zu rufen und zu mobilisieren, die wir brauchen, um weiterzumachen. Hier brauchst du die Erde, die Energie des Westens, wie die Schamanen sagen, das Halten und das Verbundensein mit deinen eigenen Wurzeln. Darum ist es so sinnvoll, diese Wurzeln in guten Zeiten zu stärken, sodass du auf sie zurückgreifen kannst, wenn du sie brauchst.

Beim Schreiben merke ich, wie lapidar das klingt, doch ich meine es tiefernst. Ich weiß, was ich brauche, damit ich stabil bleiben kann: Zwölf-Schritte-Gruppen, in denen ich voll und ganz wahrhaftig zeigen kann, was mich selbst bindet und beschämt, einige Therapeuten, Heilpraktiker und Ärzte, denen ich vertraue, meine Katzen, Sport und vernünftige Ernährung, Kuscheln, Sex und Menschen, denen ich nichts vormachen kann und vorzumachen brauche, weil sie mich lieben ... und noch eine Menge mehr. Ich brauche viel, um dem gerecht werden zu können, was ich tue, und je mehr ich dazu stehe, desto mehr kommen meine Lebensbereiche ins Gleichgewicht.

Erlaube dir, etwas zu brauchen. Du findest als Mensch nicht »alles in dir selbst«, das ist auch gar nicht die Absicht. Auf seelischer Ebene stimmt das, aber da brauchst du auch nichts.

Wir sind auf der Erde, um diese so unglaublich kraftvolle Erfahrung zu machen, und hier herrschen völlig andere Gesetze als in anderen Dimensionen. Als Mensch bist du ein Teil, ein Fragment eines großartigen biologischen Systems, das sich immer wieder neu ausbalanciert. Je mehr dir das bewusst ist, desto liebevoller, bereitwilliger und demütiger sorgst du für dich selbst. Demütig?, fragst du. Ja, weil du anerkennst, dass du etwas brauchst, um auf Erden zu leben. Und das darfst du auch, es ist ja da. Je offener du deine eigenen Bedürfnisse anerkennst, desto leichter werden sie erfüllt, das erlebe ich immer wieder. Es ist Scham, die uns daran hindert, unsere Bedürftigkeit anzuerkennen, die Scham darüber, zurückgewiesen zu werden und als »zu viel« zu gelten.

Um in jeder Hinsicht gut genährt zu sein – körperlich, spirituell, emotional geistig, mental –, werde dir darüber bewusst, was du tatsächlich brauchst und was dir schadet. Je ehrlicher du dir selbst gegenüber zugibst, wer und was dich nährt und wer und was nicht, desto besser kannst du für dich sorgen.

Ich bin einen weiten Weg gegangen. Ich arbeite mit Menschen, seit ich zwanzig bin: als Physiotherapeutin und ganzheitliche Masseurin, als Lebensberaterin, als psychologische und spirituelle Beraterin, als Seminarleiterin und Meditationslehrerin. Immer wieder bin ich an einem Burn-out vorbeigeschrammt, musste mich immer wieder finanzieller Existenzangst stellen, wenn ich eine Praxis verlassen habe, weil ich spiritueller, ganzheitlicher, tiefer arbeiten wollte. Ich musste mich um meine Coabhängigkeit kümmern und bin durch tiefe Prozesse gegangen, immer wieder. Wenn sie heute anstehen, bin ich bereit. Wenn mich das Leben heute weiterruft, bin ich bereit.

Die wesentliche Frage, die sich mir auf meinem Weg immer wieder gestellt hat, ist: Wem diene ich? Ich diene nicht den Menschen, auch wenn es so aussehen mag, auch nicht den Seelen. Ich diene allein und ausschließlich dem Leben und damit der Liebe, für mich gibt es da keinen Unterschied. Wohin es mich auch ruft und führt, ich gehe mit.

Wem dienst du? Mache dir das bitte ganz klar, damit du dich nicht in den Strukturen verfängst, die du durch deine Arbeit aufbaust. Wenn du frei bleiben und authentisch sein willst, dann sei bereit, all das, was du aufgebaut hast, hinter dir zu lassen, loszulassen, wenn das Leben dich weiterruft. Es kann ein Zwischenschritt gewesen sein. Lerne das, was dich interessiert und berührt, und befreie dich immer wieder mutig und wild von den Ansprüchen, die von außen und aus deinem Perfektionismus heraus an dich gestellt werden. Zentriere dich im Herzen, besonders aber in deinem Wurzelchakra, denn hier findest du deine wahre innere Stimme – die des Menschen, der du bist. Das Herz kann und will viel, aber der Mensch weiß, was auf der Erde wahrhaft funktioniert und was dich nährt.

Geld ist fließende Energie

Wir müssen über Geld reden. Das hatte ich zuerst nicht geplant, aber du verlierst unglaublich viel Energie, wenn du das Gefühl hast, nicht angemessen bezahlt worden zu sein, was immer in deinem Fall »angemessen« bedeutet. (Darüber werden wir nicht reden, denn das entscheidest nur du selbst.) Es muss finanziell passen, sonst bleibt ein ungutes Gefühl, das kenne ich auch sehr gut. Dann bist du nach dem Seminar einfach deshalb ausgepowert, weil du zu wenig Energie zurückbekommen hast. Lass uns Klartext reden! Du gibst ein Seminar, du hast hohe Kosten. Da sind:

★ Raummiete,
★ Strom und Wasser,
★ Werbemittel,
★ Verpflegung für die Teilnehmer, also Tee, Kaffee, Kerzen, Blumen und was man sonst noch so braucht,
★ Fahrt-, Flug-, Hotelkosten inklusive Zeitaufwand, um überhaupt dort hinzufahren, wohin es dich ruft,
★ deine Verpflegung,
★ 19 Prozent Mehrwertsteuer,
★ Einkommensteuer,
★ meistens 30 Prozent für denjenigen, der das Ganze organisiert hat, wenn du es nicht selbst getan hast

(was manchmal einfach gar nicht geht, weil das Seminarzentrum jemandem gehört),
★ manchmal musst du sogar ein Zimmerkontingent buchen,
★ Stornogebühren, falls das Seminar nicht zustande kommt.

Verzeihe, wenn ich etwas vergessen habe, was für dich wesentlich ist.

Wenn ich nach dem Seminarpreis gefragt werde, dann sage ich immer, was ich netto als Einnahme haben will, das variiert je nach Aufwand. Mehrwertsteuer und das, was der Organisierende für sich braucht, kommen dazu. Vorsicht! Ein Tagesseminar kostet nicht die Hälfte eines Wochenendseminars. Die Fahrtkosten und manchmal auch die Hotelkosten sind die gleichen. Rechne sorgfältig aus, was du brauchst, damit es sich für dich lohnt. Es ist sinnvoll, die regionalen Gegebenheiten zu respektieren, aber nur bedingt. Du musst davon leben. Natürlich ist es schade, wenn ein Seminar nicht stattfindet, weil es zu teuer ist, dann rechne noch einmal neu oder senke die Kosten. Aber ehrlich gesagt, im Zweifelsfall lass ich es lieber darauf ankommen, als mit dem Gefühl nach Hause zu fahren, unterbezahlt worden zu sein. Wenn sich wenige anmelden und du deshalb zu wenig verdienst, dann ist das eine Sache. Wenn dich deine Teilnehmer aber im Preis drücken, dann fühlst du dich zu Recht geprellt. Selbstverständlich erwarten sie aber die gleiche Leistung. Das geht nicht. Entscheide bitte ganz klar für dich, was du willst, es ist deine Zeit. Willst du auf Spendenbasis arbeiten, dann tue das, fange dich aber bitte selbst auf, wenn du dich trotz positiver Affirmation und Ausrichtung auf Fülle unterbezahlt fühlst.

In der spirituellen Szene kursieren sehr merkwürdige Anspruchshaltungen, als dürftest du kein Geld für das nehmen, was du tust. Wenn du es dir leisten kannst, kostenfrei zu arbeiten, und wenn du dich damit gut fühlst, dann tue es. Aber lass dir kein unangemessenes Dogma andrehen, schon gar nicht von denjenigen, die davon profitieren würden!

Wenn jemand kostenfrei arbeiten kann, dann frage ihn bitte zunächst, wer diese Kostenfreiheit finanziert, denn irgendjemand muss dafür herhalten, außer derjenige hat tatsächlich im Lotto gewonnen oder besitzt ein großes finanzielles Polster. Ich sage das extra so deutlich, damit du dich traust, dich bezahlen zu lassen. Du selbst weißt, wie hoch deine Ausbildungskosten waren, wie viel Geld du zu deinem eigenen Therapeuten getragen hast und was Miete, Krankenkasse, Auto, Kaffee,

Sojamilch oder Yogitee kosten. Wenn du es dir leisten kannst, unentgeltlich zu arbeiten, und es dich mit Freude und Kraft erfüllt, dann nur zu. Aber lass dich nicht erpressen! Schaue bitte immer, wer dich auf deine Kosten anspricht. Wenn es jemand ist, der etwas von dir fordert, kannst du ihn getrost rauswerfen.

Es ist übrigens nicht spirituell besonders wertvoll, Seminare oder Sitzungen kostenlos anzubieten, wenn man es auf Kosten eines anderen tut, weil man zum Beispiel durch den Partner finanziert wird. Es ist einfach ein Geschenk des Lebens an dich. Denn dann zahlt dein Partner dafür und schützt dich womöglich davor, dich mit Kosten, Rechnungen und der Wertschätzung für deine Arbeit herumzuschlagen. Es ist wunderbar, wenn jemand seine Energien kostenfrei zur Verfügung stellen kann, aber nicht auf Kosten anderer! Sonst ist es schlichtweg nicht kostenfrei. Das kannst du natürlich machen, deine Klienten werden es dir sicher danken, aber hoffentlich nicht nur dir. Denn dann muss der, der das Geld heimbringt, ernsthaft dafür anerkannt werden. Er ermöglicht das Ganze erst. Ich halte es ehrlich gesagt für verlogen, wenn jemand tönt, er könne kostenlos behandeln und alles andere wäre nicht spirituell. Irgendeiner zahlt die Rechnung. Das sage ich im Allgemeinen, ich kenne deine Situation nicht, und sie geht mich auch nichts an. Ich höre nur oft genug: »Ich nehme nicht viel dafür«, und wenn ich dann frage: »Aber wie finanzierst du dich?«, höre ich: »Mein Partner trägt das.« Wenn das so ist, dann neige dein Haupt in Demut, und danke ihm oder ihr zutiefst.

Wir, Mike und ich, arbeiten nie auf Spendenbasis, denn damit gäben wir die Verantwortung für die Bezahlung in die Hände des Klienten, und das fühlt sich für uns nicht gut an. Ich selbst zahle auch nicht gern auf Spendenbasis, weil ich nie genau weiß, ob es nun angemessen ist oder nicht.

Achte bitte darauf, dass dein Wunsch nach der Spendenbasis nicht einfach nur aus deiner eigenen Unsicherheit heraus, was ein vernünftiger Preis ist, entstanden ist! Denn sonst gibst du die Verantwortung für deine Versorgung an den Klienten weiter, und das ist nicht besonders sinnvoll. Es tut deinem Klienten nicht gut, denn er muss nun plötzlich für dich sorgen, weil du dich nicht klarmachst.

Wenn jemand wirklich sehr wenig Geld zur Verfügung hat, dann unterscheide ich ausdrücklich zwischen denen, die dennoch unbedingt kommen wollen, und denen, die sich auf ihrem Opfertrip befinden und glauben, ihr Mangel würde sie zu etwas Besonderem machen. Letztere sind immer die, die freie spirituelle Sitzungen fordern und mir vorwerfen, ich sei zu teuer. Niemand bekommt von mir eine Sonderbehandlung. Ich erlaube nicht, dass mir der Mangel meines Klienten weitergereicht wird. Warum nicht? Weil ich sonst an den Mangel GLAUBE, ihn anerkenne und unterstütze!

Und so mache ich Folgendes: Ich frage den Klienten, was er zahlen kann und will, und biete ihm an, mir für den Rest der Summe einen Dienst zu leisten. Irgendetwas kann jeder, und ich erinnere Menschen gern an ihr eigenes Potenzial. Nein, das klingt zu freundlich. Ich bestehe darauf, dass mir ein Mensch sein eigenes Potenzial anbietet, wenn er meines nutzen will. ETWAS will ich dafür haben – als Energieausgleich, weil es mich und den Teilnehmer schwächt, wenn er sich im wahrsten Sinn des Wortes energetisch impotent, also machtlos fühlt. Es reicht z. B. schon, nach Absprache einen Kuchen für das Seminar zu backen, das spart mir Zeit und ist eine nette Geste. Auch unseren Raum hinterher zu putzen oder etwas anderes für uns zu tun ist nach Absprache vollkommen in Ordnung, ich rechne das nie in Stundenlöhne um, darum geht es gar nicht. Jeder kann etwas. Jeder ist in der Lage, einen Energieausgleich anzubieten, es muss nicht Geld sein. Aber es muss ein Ausgleich sein.

Will ich etwas verschenken, was ich gern tue, dann nur freiwillig, nicht, weil der andere es aus eigenem Mangel fordert. Es mag sein, dass das egoistisch klingt, nun, das macht nichts. Ich bestehe einfach darauf, dass meine Arbeit anerkannt wird, und dazu gehört, dass mir der andere einen Ausgleich anbietet. Warum? Weil ich sonst traurig werde. Weil ich sonst Mangel annehme und in mir hüte. Weil ich dem anderen glaube, dass er nichts hat, und das kann einfach nicht sein. Und weil ich sonst dem anderen die Mühe abnehme, seine Kräfte zu mobilisieren, die Kräfte, mit denen er sich das beschaffen kann, was er braucht. Das ist oft schon die halbe Therapiesitzung, das halbe Seminar.

Die andere Variante ist diese: Ich sage meinem Interessenten, dass mein eigener Kanal für Fülle offen ist, egal, was seiner macht.

Dann biete ich ihm folgende Übung an:

Ich sage zu ihm: »Stelle dir jetzt bitte vor, wie sich in dir ein Kanal öffnet, der genau die Summe anzieht oder durch dich hindurchfließen lässt, die du brauchst, um eine Sitzung zu bezahlen.«
Ich beginne, vorsichtig zu ziehen, als würde ich die Summe, die mein Klient braucht, um meine Arbeit zu honorieren,

> durch ihn hindurch zu mir ziehen. Seine Aufgabe besteht nur darin, als Mittler dafür zu fungieren.
> Ich sage ihm: »Und von nun an, wenn du etwas brauchst, bitte darum, dass der entsprechende Ausgleich durch dich zu demjenigen fließt, von dem du es haben willst, du bist nur der Mittler, der Kanal.«

Was bringt das? Sein Mangel spielt auf einmal keine Rolle mehr, denn er öffnet sich für MEINE Fülle, nicht für seine eigene, nicht vorhandene. Damit erkennt er, dass er durchaus in der Lage ist, die Mittel für das, was er braucht, in sein Leben fließen zu lassen, nämlich indem er den Energiezustand desjenigen aufruft, dessen Unterstützung oder Dienste er braucht. Und natürlich entsteht dadurch auch bei ihm Fülle. Denn es kann ja sein, dass er sich selbst für wertlos hält. Mich aber nicht, sonst würde er nicht um meine Hilfe bitten. Und in Wahrheit hält er sich auch selbst nicht für wertlos, denn dann würde er erst gar nicht um Hilfe bitten. So kann er sein Gefühl der Wertschätzung für mich nutzen, um sich selbst zu nähren. Warum funktioniert das? Weil er letztlich sowieso sich selbst meint. Wenn er zu mir kommen will, weil er mich wertschätzt, dann zeigt das einfach, dass er sich selbst mehr liebt, als es ihm bewusst ist. Das klappt oft erstaunlich gut, manchmal geschehen geradezu Wunder. Und natürlich entsteht dadurch auch bald beim Klienten selbst ein Gefühl der Fülle.

Lass dir nicht den Mangel deines Klienten andrehen, sonst stehst du auch bald im Regen. Es dient einfach niemandem, wenn du den Kelch des Mangels annimmst und die vermeintliche Armut des anderen ausgleichst. Erinnere deinen Klienten lieber an seine eigene Fülle, und nimm an, was er dir zum Ausgleich anbietet, wenn es dir angemessen erscheint und wenn du es gebrauchen kannst. Ich habe immer erlebt, dass das den Klienten stärkt. Achte darauf, dass er sich nicht zu all dem, was er sowieso schon mit sich herumschleppt, auch noch die Scham der Zahlungsunfähigkeit aufbürdet. Verschenke alles, wenn du es willst und kannst. Aber entscheide selbst, und lass dich nicht vom Mangel des anderen erpressen. Das ist nicht gesund, weder für den anderen, weil du es ihm durchgehen lässt, noch für dich selbst.

Sichere Räume schaffen

Wie erschafft und hält man ein Energiefeld, in dem sich andere sicher fühlen, sich entspannen können und womöglich noch spirituelle Erfahrungen machen? Und wie sorgt man dafür, dass der Raum lichtvoll bleibt? Wie schützt man ihn, wie schützt man sich selbst vor unerwünschten Energien zum Beispiel aus der Astralebene? Denn das sollte dir klar sein: Wenn du einen energetischen Raum anbietest, wenn deine Teilnehmer kommen und sich reinigen, befreien und neu auftanken wollen, bringen sie alle möglichen »Besucher« mit, erwünschte und nicht ganz so erwünschte.

Es gibt Teilnehmer, die – zumeist unbewusst – viel Energie saugen. Du erkennst sie daran, dass sie nach den Übungen eine Frage nach der anderen stellen – jene Art von Fragen, bei denen du spürst: Es kommt gar nicht auf die Antwort an, vielmehr suchen sie deine Aufmerksamkeit zum Beispiel mit »Ja, aber ...«-Fragen. Das ist den meisten nicht bewusst, und ich erlebe es auch nur sehr selten (falls das jemand liest, der meine Gruppen besucht: Bitte, traue dich weiterhin zu fragen, dich meine ich nicht!), aber es gibt Menschen, die die gesamte Energie an sich reißen wollen. Dann musst du energisch und klar bleiben und die Gruppe schützen. Du dienst der Gruppe, nicht dem Einzelnen. Wenn du eine Gruppe leitest, verpflichtest du dich, den Raum der Gruppe zu schützen. So traue dich, den Raum zu verteidigen, wenn du spürst, dass das Ganze aus dem Ruder läuft. (In solchen Fällen wirst du ungeduldig und nimmst wahr, wie jemand zu viel Aufmerksamkeit in Anspruch nimmt.) Der innerlich gesprochene Satz »Ich stehe nicht mehr zur Verfügung« kann dir helfen, dich wieder klar zu fühlen, wenn du spürst, dass dich jemand in seinen Bann ziehen, dich in Beschlag nehmen will – du wirst frei, entsprechend zu reagieren.

Ich möchte dir gern ein paar Sätze vorgeben, die du anwenden kannst. Beachte jedoch, dass die Situationen oft sehr unterschiedlich sind; so nimm diese Sätze nur als Anregung. Eine Möglichkeit zu reagieren, wenn jemand aus der Gruppe Energie saugen will, ist:

»Das sprengt den Rahmen dieser Gruppe. Ich verstehe, dass Sie noch viele Fragen haben, aber die sollten Sie vielleicht lieber in einem Einzelgespräch klären.« (Oder du verweist auf ein Buch.)

Das bedeutet nicht, dass dieses Einzelgespräch mit dir stattfinden muss und schon gar nicht, dass es in der Pause geschieht. Schütze bitte besonders dich selbst. Du führst die Gruppe, und dann gehst du, schließt den Raum, stehst nicht mehr zur Verfügung – außer du hast noch sehr viel Energie und vor allem Spaß daran, weitere persönliche Fragen zu beantworten. Du kannst auch, an die Gruppe gewandt, um niemanden bloßzustellen, sagen:

»Es ist wichtig, dass ihr lernt, die Energie, die ihr braucht, aus dem Kosmos zu erbitten, nicht aus euch selbst heraus, schon gar nicht von mir, sondern aus der unermesslichen Quelle der göttlichen Lebenskraft – so, wie wir es in den Meditationen lernen. Sonst werdet ihr abhängig von Menschen wie mir, und das dient niemandem.«

Diese Aussage stimmt, und sie verweist jeden auf die wahren Kraftquellen und die eigene innere Weisheit, für die du ja nur der Mittler bist und sein willst. Du wirst die richtigen Worte für deine Art der Arbeit und für deine Gruppen finden.

Du spürst, ob dir jemand Energie abziehen will oder echte Fragen hat, deren Antworten er nutzt, um seinen Weg selbstverantwortlich weiterzugehen. Echte Fragen erkennst du daran: Du antwortest gern und lebhaft, die Antworten sprudeln, wenn du sie kennst, leicht und selbstverständlich aus dir heraus. Du bleibst wach und konzentriert. Energiesaugende Fragen dagegen machen dich müde; du wirst innerlich unruhig, ungehalten; du spürst, jemand will dich vereinnahmen, und du reagierst vielleicht innerlich ein bisschen genervt. Natürlich lässt du dir das nicht anmerken, aber verdränge es auch nicht. Du bist dadurch nicht unprofessionell, sondern du reagierst lediglich adäquat auf die dir entgegengebrachte Energie. Nimm also dieses Gefühl als Hinweis.

Manchmal bin ich auch sehr deutlich und sage:

»Wie wäre es, wenn Sie das, was Sie in der Meditation oder Übung erfahren und gespürt haben, erst einmal verarbeiten und annehmen? Es ist wichtig, dass wir die Aufmerksamkeit nach innen richten und nicht weiter im Außen suchen. Sie haben ja gerade etwas bekommen – Energie, eine Antwort, ein inneres Bild –, so nutzen Sie bitte diese Kraft.«

Dein Gegenüber wird ein bisschen pikiert sein, aber es ist wichtig, ihm begreiflich zu machen, dass er noch immer außen sucht, statt zu nehmen, was innen bereits angekommen ist.

Das, was mit energieraubenden Fragen zumeist gesucht wird, sind Aufmerksamkeit, Bestätigung und Liebe für das Innere Kind. Wenn du das weißt, dann kannst du voller Mitgefühl und Klarheit reagieren, dann weißt du aber auch, wie wichtig es ist, die Gruppe vor dem bedürftigen Inneren Kind eines Einzelnen zu schützen.

Damit sich deine Hörer sicher fühlen, ist es außerdem notwendig, falls du nach den Übungen und Meditationen Fragen zulässt, dass jeder bei sich bleibt. Gerade wenn du öfter Gruppen gibst, wirst du einige Hörer haben, die sich selbst mit Meditationen beschäftigen, als Seminarleiter oder Therapeuten arbeiten und deshalb nicht nur annehmen, sondern mitdenken. Mitdenken ist natürlich wundervoll und erwünscht, aber nur für sich selbst, nicht für andere.

In den Zwölf-Schritte-Selbsthilfegruppen habe ich eine großartige schamanische Technik kennengelernt und erfahren: die Rederunden, das heißt, jeder spricht nur für sich. Es gibt keine Zwiegespräche. Jeder bleibt bei sich, fühlt sich, gibt kein unerwünschtes, ungefragtes Feedback. Das halte ich in meinen Gruppen auch so. Ich sage zu Beginn meistens:

»Jeder bleibt bei sich und spürt sich«,

als Angebot, aber auch als Aufforderung. Die Einzigen, die für andere arbeiten, sind wir, die Seminarleiter, alle anderen nehmen nur sich selbst wahr. Wenn jemand in Versuchung gerät, für einen anderen zu sprechen, ihm Tipps zu geben, Vorschläge zu machen und somit mit seiner Aufmerksamkeit nicht bei sich ist, sondern anderen dienen möchte, dann hole ich ihn mit diesem Satz zu sich selbst zurück. Ich unterbreche ihn, selbst wenn das sehr unhöflich ist. Es ist noch viel unhöflicher, dem Rest der Gruppe Zeit und Lebensenergie zu rauben.

Dafür gibt es zwei Gründe: Diese Gruppen dienen zum einen dazu, sich selbst zu spüren und zu lernen, die sonst meistens weit ausgefahrenen Antennen einmal bewusst auf das eigene Erleben zu richten. Und ich kann zum anderen nicht sicher sein, ob das, was als Kommentar abgegeben wird, auch wirklich stimmt, voller Liebe ist und dient. Wie oft habe ich erlebt, dass gewertet wird, geurteilt, dass jemand mit unerwünschten Ratschlägen um sich wirft, die letztlich nicht hilfreich sind und demjenigen, der sie bekommt, eher schaden.

Einen sicheren Raum zu haben bedeutet auch zu wissen: Ich werde nicht bewertet, ich erhalte keinen Kommentar, ich muss nicht antworten, ich kann ganz und gar bei mir sein, ich werde nicht angesprochen, und ich muss nicht reagieren. So bitte deine Hörer, wenn dir dieser Hinweis dienlich erscheint, um Folgendes:

»Nach der Gruppe kann selbstverständlich jeder das machen, was er will. Aber hier, in diesem Raum, bin ich verantwortlich für die Energie. Überlasse bitte mir die Gruppe, entspanne dich, kümmere dich heute einmal nur um dich selbst.«

Das ist schon deshalb wichtig, weil du die Kontrolle und die Verantwortung für die Energie des Raumes hast. Wenn du erlaubst, dass andere ihre Ratschläge, seien sie auch noch so gut gemeint, mit einbringen, lässt du dir die Energie, den Raum, aus den Händen nehmen, und dann kannst du nicht mehr für seine Sicherheit und Stabilität sorgen. Das ist Kontrolle, und das darf es auch sein. Das gehört zu deinen Aufgaben, wenn du Seminare gibst.

Wenn jemand eine Frage stellt, die du nicht beantworten kannst, dann kannst du selbstverständlich fragen, ob jemand in der Gruppe etwas dazu sagen kann und will. Aber DU entscheidest, wann das geschieht. Es ist wirklich wichtig, dass du führst, auch wenn es dir selbst vielleicht gar nicht gefällt. Eine Gruppe zu leiten bedeutet genau das: sie zu leiten und die Verantwortung voll und ganz zu übernehmen, dir nicht die Führung aus der Hand nehmen zu lassen; denn du bist an die Energie angeschlossen, die sich hier und heute zeigen und wirksam sein möchte.

Dein eigenes Energiefeld klären

Bevor ich eine Gruppe gebe, verbinde ich mich ganz bewusst mit meinem eigenen Engelsein. Ich stelle mir vor, wie sich meine Flügel ausbreiten, wie Engelenergie in mich hineinströmt und wie ich zu einer großen Lichtsäule werde. Engelenergie deshalb, weil das die mir vertraute Kraft ist. Wenn du dich anderen Kräften zugehörig fühlst, dann bitte selbstverständlich diese – es geht um deine persönliche spirituelle Energie, um dein höchstes Selbst, was immer das ist. Mike hingegen verbindet sich mit der Drachenkraft, die ihm zu eigen ist.

Wir bitten Mutter Erde, uns zu führen und mit ihrer einzigartigen Kraft anwesend zu sein. Dann stellen wir uns voreinander, umarmen uns und bitten darum, dass sich unsere Energien zum Wohle der Gruppe auf ideale Weise synchronisieren, das heißt, dass sie so zusammenfließen, wie es für diese Gruppe, die nun kommt, passend und heilsam ist. Das fühlt sich jedes Mal anders an. Nach dem Seminar trennen wir die Energien wieder, damit jeder seinen eigenen spirituellen Weg weitergehen kann. Gebe ich die Gruppe allein, dann mache ich das natürlich nicht.

Ich meditiere und reinige mich, bitte alle meine geistigen Führer und Lehrer darum, anwesend zu sein und mich zu führen. Ich bitte außerdem darum, im Dienst des Lichtes zu stehen und an die göttliche Führung angebunden zu sein. Meine nächste Bitte richtet sich darauf, meinen Seminarteilnehmern zu dienen und genau das zu sagen, was sie in diesem Moment brauchen, auch wenn ich es selbst noch nicht weiß. Und ich bitte darum, dass die göttliche Weisheit den Raum nutzt, den ich anbiete. So öffnet sich ein Energiefeld, in dem diese göttliche Kraft und Ordnung ganz frei wirken kann, ähnlich wie in einem Gottesdienst. Je sicherer und stabiler die Energie im Raum ist, desto leichter entspannen sich deine Hörer und desto stimmiger und intensiver sind ihre Erfahrungen.

Wenn du dennoch tatsächlich merkst, dass sich dunkle, niedrig schwingende Energiewesen einschleichen, dann nutze deine Ermächtigung. Du bist, wie eine Art Hohepriester, angeschlossen an ein Energiefeld von heilender, liebender und transformierender Kraft. Rufe Erzengel Michael, und bitte ihn um Reinigung. Auch hier hilft wieder besonders das Trommeln, denn die Trommel verbindet dich mit den heilenden Kräften der gesamten Menschheit und ruft die Selbstheilungskräfte. Auch Klangschalen, Räuchern und achtsames Agnifeuer klären den Raum – finde deine für dich ideale Weise, mit der du dich sicher fühlst, und nutze sie.

Gleichermaßen ist es wichtig, dass du selbst in möglichst hoher, reiner Energie lebst, also den Tanz mit dem Teufel der Süchte, der Coabhängigkeit und der Angst nach und nach aufgibst. Sonst bringst du die dunkle Energie noch selbst mit in den Raum! Je ausdrücklicher du auch die Kräfte der Erde rufst, desto sicherer ist dein Raum.

Wenn du schwere, dunkle Energien spürst, kannst du den folgenden oder einen ähnlichen Satz nutzen:

»Dies ist mein Raum, dies ist meine Energie. Ich bin hier verantwortlich. So verschwinde, und gehe ins Licht oder dahin, woher du gekommen bist. Dieser Raum steht dir nicht zur Verfügung.«

Wenn du Zeit dafür hast und darin geübt bist, dann kannst du sie auch transformieren und ins Licht bitten. Es hilft immer, ein Krafttier für den Raum und für das Seminar zu rufen. Verstehst du, du musst nicht alles allein machen, die geistigen Kräfte sind auf deiner Seite und unterstützen dich, wenn du sie rufst.

Wie spürst du überhaupt, ob dunkle Energien da sind? Am besten bittest du darum, dass dir deine innere Stimme jetzt, ja, genau jetzt, ein Zeichen gibt, an dem du sie erkennst. Ich spüre Druck im Bauch und Schwere im Herzen. Wenn ich Meditationen führe, dann bin ich so sehr an die herrschenden Energien angeschlossen, dass ich es förmlich sehe oder es einfach weiß. Dann sage ich innerlich den oben stehenden Satz, breite meine Flügel aus und fühle meine spirituelle Macht. Manchmal muss ich das sogar laut aussprechen, aber das ist nur sehr selten der Fall. Es kann deine Seminarteilnehmer erschrecken, deshalb tue es still für dich, außer du spürst, dass es richtig und nötig ist, diesen Prozess deutlich zu zeigen.

Auch du bist ein hochspirituelles, machtvolles Wesen, und wenn du einen Raum der Heilung erschaffst, dann darfst du diese Macht nicht nur spüren, dann ist es deine Aufgabe, sie auch anzuwenden. Wenn du den Raum in diesem Bewusstsein reinigst und erschaffst, dann kommt es meistens gar nicht so weit. Wenn es dir hilft, dann schreibe ein Schild, auf dem steht:

»Dunkle Energien müssen leider draußen bleiben«,

und stelle es mit auf deinen Altar. Bitte einen Torwächter in den Raum, und weise ihn an, die hohe Frequenz zu schützen. Damit erklärst du ausdrücklich, dass dein Raum nicht verfügbar ist. Du bist schon allein deshalb stärker, weil du einen Dienst leistest. Dadurch wird dein Raum unweigerlich von hohen Mächten geschützt.

Mike bittet seine Drachen darum, den Raum zu schützen, und es ist immer wieder faszinierend, wie kraftvoll sie wirken. Außerdem schlägt er die Trommel und ruft Mutter Erde – die Trommel ist eines der kraftvollsten Reinigungswerkzeuge, die wir als Menschen haben.

Ich halte es für wirklich gefährlich, wenn jemand sagt: »Ich bin so rein, ich bin so voller Liebe, ich ziehe keine dunklen Energien an.« Ehrlich gesagt ist es meistens eher so, dass sich hier ein spirituelles Ego austobt (ein sicherer Garant dafür, dass sich die Astralwelt angezogen fühlt, ist spiritueller Hochmut), denn wer wahrhaftig erleuchtet ist – so erlebe ich es bei echten Meistern –, der ist demütig und verneigt sich vor all dem, was ist und sein kann. Gerade sogenannte dunkle Energien wollen gesehen und erlöst werden.

Als Lehrer, Therapeut oder Seminarleiter ist es wichtig, dass du einen wie auch immer gearteten Heiler deines Vertrauens hast, der für dich da ist.

Was aber machst du, wenn es dir selbst nicht gut geht? Auch Seminarleiter durchlaufen teilweise äußerst schmerzhafte Prozesse. Nur weil du diese Art von Arbeit machst, bist du nicht sicher vor Schmerzen; sie gehören zu unser aller Transformationsweg. Im Gegenteil:

Du stellst dich deinen Schatten erst recht und sehr bewusst. Wie also kannst du an Tagen, an denen es dir das Herz zerreißt, an denen du selbst keinen Sinn erkennen kannst, am liebsten im Bett bleiben oder mit einem Kuscheltier in der Ecke sitzen würdest, anderen Menschen Kraft, Hoffnung, Trost und Licht zur Verfügung stellen? Nun, ich kann es nicht. Aber zum Glück wirkt bei dieser Art von Arbeit nicht mein »Ich«. Gerade wenn ich selbst zerschlagen am Boden liege, hilft es mir, all diese Techniken zu kennen. Nicht, um meinen eigenen Schmerz zu heilen, das funktioniert nicht. Wenn ich mich selbst wie durch den Fleischwolf gedreht fühle, brauche ich wie jeder andere auch Hilfe und Unterstützung.

Du brauchst nicht erleuchtet zu sein, um anderen den Weg zu weisen. Du musst nur wissen, wie man eine Fackel hält, und den Weg kennen. Und das kannst du auch an Tagen, an denen du selbst nicht mehr weißt, wohin dein eigener Weg führt.

Oft werde ich gefragt, wie es denn sein kann – bei dem, was ich weiß, und bei der Art von Arbeit, die ich mache –, dass ich selbst noch immer ungelöste Themen habe. Diejenigen, die das fragen, verwechseln die Ebenen. Natürlich bin ich als menschliches Wesen mitten im Geschehen. Aber gleichzeitig habe ich gelernt, mich neben mich zu stellen. Ich kenne den reinen, klaren Kanal, und ich weiß, wie ich ihn halten kann – zumindest für eine gewisse Zeit und bis zu einem gewissen Punkt. Ich kann, auch während ich in einem eigenen Prozess bin, als Seminarleiter fungieren – was nicht heißt, dass das meinen Prozess leichter macht. Es ist ein anderes Energiefeld. Es ist auch nichts Besonderes. Jeder muss schließlich weitermachen, wenn er einen Beruf ausübt, egal, wie es ihm geht. Es ist schlichtweg professionell. Eine Lehrerin, die vor einer Klasse steht und die Kinder unterrichtet, während ihr der Streit mit ihrem Mann das Herz zerreißt, tut nichts anderes.

Selbstverständlich ist die Energie höher, wenn du glücklich verliebt, im Reinen mit Gott und der Welt oder einfach nur innerlich stabil und frei bist. Aber du bist auf der Erde, du bist ein Mensch, und nur deshalb kannst du auch andere Menschen wahrhaft berühren. Wenn du dich also mitten im Prozess befindest, wenn du müde bist, dich zerschlagen fühlst und dennoch deine Gruppe geben willst oder auch musst, dann bitte um Hilfe. Tritt innerlich beiseite, und verlasse dich darauf, dass die Energien, die durch dich wirken wollen, dies unbeeinträchtigt von deinem persönlichen Zustand tun.

Ein paar Regeln aber gibt es doch:

★ Enthalte dich emotionalen Dramas, besonders dessen anderer.
★ Nimm so wenig wie möglich Gift in dich auf, sowohl über die Atmung, die Nahrung als auch über die Kleidung.
★ Verlasse ungesunde Situationen. Auch sie zu verändern bedeutet, sie zunächst zu verlassen.
★ Verursache so wenig Schaden wie möglich, materiell, emotional, mental.
★ Werde dir deiner Süchte bewusst, und enthalte dich.
★ Handle als Erwachsener, der sein Inneres Kind gut versorgt und hütet, nicht aus dem unbewussten und verletzten Inneren Kind heraus.
★ Überprüfe immer wieder, ob du noch wild und frei mit dem Leben tanzt oder ob du es dir zu bequem gemacht hast.
★ Reinige dich und deine Umgebung regelmäßig emotional, mental und natürlich körperlich.
★ Suche dir Hilfe, wenn du allein nicht klarkommst, das ist ein Zeichen von Reife und Selbstliebe!
★ Ruhe dich aus, wenn du Ruhe brauchst.
★ Sei dir selbst gegenüber aufrichtig, und handle aus allerbestem Wissen und Gewissen, weder aus Angst noch aus Vermeidung.

Wenn du seriöse Seminare geben willst, ist es unerlässlich, dass du alles tust, um deine eigene Energie so klar wie möglich werden zu lassen. Auf diesem Weg begegnen dir deine Schatten, und die gilt es zu erlösen – gerade weil deine Seele deinen Auftrag, dich als Bewusstseinslehrer zu nutzen, ernst nimmt!

Während der Erlösung dieser Schatten siehst du nicht immer gut aus, aber das brauchst du auch nicht. Es ist eine heilige Aufgabe, die Fackel, die du für andere trägst, erst recht für dich selbst zu halten. Du wirst immer besser, du kannst immer mehr Licht halten und für andere ein sicherer Bergführer werden, wenn du deine eigenen Schattenseiten kennst und immer wieder zur Erlösung freigibst. So lähme dich nicht selbst, du brauchst nicht perfekt und innerlich vollkommen erlöst zu sein, um Seminare zu führen. Ein gewisses Maß an Klarheit genügt. Außerdem sei sicher: Du wirst sowieso jene Menschen anziehen, die genau das brauchen, was du heute zu geben hast. Je weiter du aber auf deinem Weg voranschreitest, desto deutlicher wirst du aufgefordert, auch jene Bereiche zu klären, in denen du dich selbst verhaftet hast, dich festklammerst, unfrei bist. Jene Bereiche also, die auch in dir selbst unbewusst sind. So stelle dich mutig deinen eigenen Schatten, gehe hindurch, und lass sie nach und nach hinter dir. Das genügt vollkommen.

Warum solltest du dich selbst klären? Weil du sonst nie sicher sein kannst, ob du nicht mit deiner eigenen Energie andere benutzt, verschmutzt oder missbrauchst. Unterschätze nicht die Klugheit deiner Süchte, deiner Vermeidungsstrategien und deiner Angst. Sie lernen mit. Jede Technik, jedes Wissen, jedes kluge Argument, das du dir aneignest, kann und wird, wenn du dich selbst nicht gut hütest, von der Angst und der Bequemlichkeit gegen deine Klarheit verwendet. Je schlauer du wirst, desto schlauer werden auch deine Süchte und Vermeidungsstrategien. Und nicht nur das: Sie sind meistens auch schneller als dein Verstand, denn sie werden von der Amygdala, dem emotionalen Zentrum deines Gehirns, regiert. Dieses emotionale Zentrum reagiert weitaus schneller als dein Verstand oder dein Bewusstsein, und es ist ein Meister darin, dir die Dinge zurechtzubiegen, um dich in vermeintlicher Sicherheit zu halten.

So lerne dich selbst bewusst kennen, und – das ist das Wichtigste – übe dich in bedingungsloser, schonungsloser Aufrichtigkeit. Das ist die Voraussetzung für Selbstverantwortung in jeder Hinsicht.

Du musst dir deiner Verantwortung bewusst sein, gerade weil schamanische und spirituelle Bewusstseinsarbeit so wirkungsvoll ist. Du veränderst tatsächlich etwas; das löst eventuell Nebenwirkungen aus. Auch die geistigen Kräfte können nicht mehr helfen, wenn du die physischen Gegebenheiten vernachlässigst und ignorierst. Nimm das bitte ernst, ich erlebe immer wieder, dass auch erfahrene Seminarleiter und Therapeuten nicht unterscheiden können, bei welchen Menschen ihre Anwendungen und Techniken passend und wo sie kontraindiziert sind. Psychische Störungen brauchen zunächst eine ärztliche Behandlung, Punkt. Ist der Patient (in diesem Fall ist es ein Patient, kein Klient) stabil und kann sich selbst gut halten, dann kannst du vorsichtig und nach sorgfältiger Absprache mit ihm arbeiten, aber überprüfe immer wieder, ob er in der Lage ist, selbstverantwortlich zu handeln.

Energiefelder spüren

Oft fragen Teilnehmer nach einer Meditation oder inneren Reise: »Ich habe das und das gesehen, was bedeutet das?« Nun, woher sollst du das wissen? Entweder du öffnest dich für die Energie desjenigen, der fragt, und du spürst nun deinerseits, welche Energien wirken, oder du machst es folgendermaßen: Sage zu deinem Teilnehmer: »Ich bitte dich, schließe noch einmal die Augen, und rufe dir das Bild oder das Gefühl erneut herbei.« Du als Seminarleiter hältst die Energien, dann geht das ganz leicht. Wenn das Bild, nach dem der Teilnehmer gefragt hat, da ist, bitte ihn, jetzt selbst zu fragen, was es bedeutet, und auf den ersten Impuls zu vertrauen. Du spürst mit und gibst ihm eine Rückmeldung zu dem, was du wahrgenommen hast, aber erst, nachdem er selbst noch einmal in sich hineingelauscht hat. Warum? Weil er nicht abhängig von dir werden, sondern die Fähigkeit, selbst wahrzunehmen und zu erkennen, entwickeln soll.

Hüte dich vor vorgefertigten Antworten, nicht jedes Blau gehört zu Erzengel Michael, und nicht immer bedeutet ein Krafttier das, was im Buch steht. Selbst spüren macht bewusst, und so solltest du es auch handhaben. Denn so wenig wir von uns abhängige Teilnehmer wollen, so wenig wollen wir Nachschlagewerk-Süchtige.

Sicher arbeitest auch du oft mit dem Energiefeld von anderen und wirst gebeten »hineinzuspüren«. Ich mache das mithilfe von Aufstellungen. Aber nur mit Termin und nach Absprache, nicht eben mal so. Ich weiß, dass ich mein gesamtes System zur Verfügung stelle, wenn ich etwas fühle, und dass ich die komplette Schwingung des anderen erlebe. Das ist, auch wenn es dir leichtfällt, sehr kräftezehrend. Gehe also bitte achtsam mit deinen Fähigkeiten um, und nutze sie nur dann, wenn du die Kraft dazu hast und Wertschätzung erfährst. Niemand hat ein Recht darauf, dass du mal eben schnell in ihn hineinspürst.

Durch das Aufstellen kann ich sehr leicht in ein Energiefeld ein- und auch wieder daraus aussteigen. Beim Channeln, beim Kanalsein, besteht oft die Gefahr, dass etwas hängen bleibt. Beim Familienstellen sind die Energiefelder klarer abgegrenzt und konzentriert. Probiere das aus, öffne dich für eine Energie, fühle sie, und lass sie wieder gehen – und dann bitte die gleiche Energie, dir ein Kraftfeld zu erschaffen, in das du mit einem echten, physischen Schritt eintrittst. Spüre die Energien, und dann tritt wieder hinaus. Merkst du, wie viel leichter du wieder bei dir selbst ankommst?

Wenn du mit der Technik des Familienstellens vertraut bist, dann ist es vielleicht eine gute Idee, sie zu nutzen, um Energien zu erkennen. Ich nehme drei Gegenstände als Platzhalter:

Nummer eins steht für die Person oder das Ereignis, um das es geht. Ich stelle es links von mir auf. Warum links? Weil ich die Plätze gern im Uhrzeigersinn besetze, aber das ist Geschmackssache. Ich habe das für mich selbst entwickelt. Mache es so, wie es für dich stimmig ist. Außerdem bin ich Linkshänder, vielleicht liegt es auch daran.

Nummer zwei, rechts von Nummer eins, steht für das Thema, um das es geht, für die Frage, also zum Beispiel: Welche Botschaft hat es? Worum geht es wirklich? Wie fühlt es sich an? Was will es? Was braucht das System? Ist es gut für mich? ... und so weiter. Natürlich stellst du nur eine Frage, ein Thema, auf.

Ja- oder Nein-Fragen beantworte ich nicht. Ich gebe nur weiter, was ich spüre. Entscheiden muss mein Klient schon selbst. Aber ich kann ihm eine Menge Informationen über die wirkenden Energien geben.

Nummer drei ist der letzte Platz und der einzige, in den ich hineinspüre. Ich stelle ihn so, dass die drei Plätze nun ein Dreieck bilden, und lege folgende Absicht oder Frage hinein: Was steckt dahinter? Nur diese Frage! Dann bekommst du ein Gefühl für das, was im Verborgenen wirkt, und hier ist der Ansatzpunkt für Lösungen. Platz drei steht also immer für die Antwort auf die Frage oder die herrschenden Energien des Themas von Platz zwei.

Auf diesen Platz stelle ich mich in Gedanken, dann spüre ich sehr genau, was wesentlich ist, und das kommuniziere ich. Das geht meistens verblüffend einfach und schnell, braucht aber natürlich Übung. Der Vorteil für mich ist ein klarer Ein- und Ausstieg in die und aus den Energien, ich öffne keine Lichtkanäle, channele nicht, sondern stelle es auf, spüre es und räume es wieder weg. Damit bin ich auch wieder draußen.

Wenn ich Hilfe brauche, das System erlöst werden muss, dann nutze ich ab und zu einen vierten Platz, ich stelle ihn dem dritten gegenüber, sodass nun eine Raute entsteht. Ich stelle den Schutzengel hinein. Dieser weiß genau, was fehlt, und bringt eine Lösung. Ob du den Schutzengel, ein Krafttier oder das Schicksal zu Hilfe bittest, ist nicht entscheidend, es geht darum, eine übergeordnete Kraft wirken zu lassen, eine Energie, die den Überblick hat und behält. Für mich funktioniert der Platz des Schutzengels sehr gut, du arbeitest eventuell mit anderen Energien.

Ein Beispiel:

Ein Klient hat immer wieder das gleiche körperliche Symptom, sagen wir Knieschmerzen. Er will wissen, was das zu bedeuten hat. Ich stelle es also auf:

Platz eins: der Klient

Platz zwei: das Thema, in diesem Fall die Knieschmerzen, mit der Frage: Was steckt dahinter?

Platz drei: die Antwort

In Platz drei, und nur in diesen Platz, fühle ich mich ein. Fällt es dir schwer, das mit Gegenständen zu tun, dann lege diese drei Plätze auf den Boden, als Zettel oder auch einfach symbolisiert durch leere Wasserflaschen oder Kegel. Stelle dich nur auf den letzten Platz, nur auf die Lösung. Warum? Damit du nicht all diese Energien fühlen musst. Denn wenn du ernsthaft mit Energien arbeitest, dann überlastest du dein System auf die Dauer, wenn du alle Gefühle und all die Schmerzen spüren willst. Es ist einfach nicht nötig. Dient es dem Klienten, tue ich das natürlich. Aber er braucht in diesem Fall letztlich nur die Antwort auf die Frage. Es ist nicht hilfreich, dass du seine Knieschmerzen fühlst.

Zurück zu den Schmerzen: Auf Platz drei kommen innere Bilder, Wahrnehmungen, zum Beispiel ein Ereignis oder ein Gefühl aus seiner Kindheit. Ich erzähle ihm, was ich fühle, und frage ihn, ob sich das für ihn stimmig anfühlt. Denn ich kann mich irren.

Ich glaube meinem Klienten. Wenn er das, was ich sage, nicht für stimmig hält, dann bestehe ich nicht darauf. Ich behalte es im Hinterkopf, denn ich weiß ja, was ich wahrgenommen habe, gehe aber mit ihm einen anderen Weg. Ich räume die Aufstellung wieder ab. Dann lege ich sie erneut aus.

Platz eins: mein Klient

Platz zwei: die Schmerzen – dieses Mal aber mit der Frage: Was darf ich meinem Klienten darüber erzählen, wofür ist er bereit?

Platz drei: das, was ich wissen soll und weitergeben darf

Glaubt er mir, dann gehe ich tiefer. Ich räume die Aufstellung wieder ab – ich schaue mir immer wieder neu Schicht für Schicht an, damit sich die Informationen nicht »stapeln«.

Platz eins: mein Klient

Platz zwei: die Knieschmerzen, dieses Mal mit der Frage: Was kann der Klient tun, oder was sollte er lassen?

Platz drei: die Antwort

Manchmal ist die Antwort ein Konflikt, der nicht aufgelöst werden kann. Dann stelle ich den vierten Platz hinzu: die höhere Sicht der Dinge. Diesen stelle ich der Antwort gegenüber. In diesem Beispiel: Ich spüre, wie die Knieschmerzen kommen, weil sich der Lebensweg meines Klienten gabelt, das eine Bein will in die eine, das andere in die andere Richtung. Ich sehe diese Kreuzung vor mir und auch, wie es meinen Klienten zerreißt. In diesem Fall wollte seine Frau in eine andere Stadt ziehen, er aber nicht. Das war ihm natürlich bewusst, aber es sah den Zusammenhang mit den Knieschmerzen nicht. Selbst wenn etwas ziemlich offensichtlich ist, stelle ich es zunächst auf, damit ich sicher sein kann, alle Aspekte zu sehen.

Platz vier: die höhere Sicht und die höhere Lösung der Dinge

In diesem Fall hatte mein Klient noch nicht klar kommuniziert, dass er nicht wegziehen wollte. Er zerriss sich innerlich, statt den Konflikt offen anzusprechen. Die Knieschmerzen standen nur stellvertretend für die emotionalen Schmerzen, die er zu vermeiden versuchte: die Enttäuschung seiner Frau, die Sorge, sie zu verlieren, und noch einiges mehr.

Wir konnten sein Problem nicht lösen, sie wollte immer noch wegziehen und er nicht. Aber die Knieschmerzen hörten auf, als er das aussprach. Nun konnten sie gemeinsam nach Auswegen suchen.

Energien nach einem Seminar trennen

Natürlich kennst du Möglichkeiten, dich zu reinigen. Du rufst deine Energien zu dir zurück, bittest eine dir vertraute Kraft, dich von fremden Energien zu befreien. Doch wie wäre es, wenn du deine Teilnehmer mit einbeziehst, sie ausdrücklich in die Verantwortung für ihre eigenen Energien nimmst?

Ich sage ganz am Ende jedes Seminars oder Vortrages, manchmal auch bei Einzelsitzungen: »Schließt bitte eure Augen. Und nun stellt euch vor, ihr alle habt Fäden zu mir gesponnen, zu mir und auch untereinander. Diese Fäden kommen womöglich aus eurem Bauch oder auch woanders her. Das durftet ihr, es war wichtig, denn ich wollte euch ja etwas geben, euch erreichen. Jetzt aber bitte ich euch, zieht diese Fäden wieder zu euch zurück, alle, zieht alle Urteile, alle Bewertungen, alle Projektionen untereinander und in Bezug auf mich wieder zu euch zurück, zieht alle Fäden wieder zu euch. Ich ziehe nun auch meine Fäden zu mir zurück und lass euch los, ihr seid wieder ganz und gar für euch selbst verantwortlich. Findet eure eigenen Antworten, und ihr seid frei. Jeder von euch hält sich jetzt ganz und gar wieder selbst, trägt die volle Verantwortung für sich, und ich lass euch los. Ich schließe den Raum. Ich habe ihn gern für euch gehalten und öffne ihn gern wieder für euch, zu einem anderen Zeitpunkt und auf andere Weise, doch jetzt – JETZT – ist er geschlossen.« Das sage ich immer sehr eindringlich, damit es auch wirklich geschieht und damit auch den Teilnehmern klar wird, dass sie jetzt wieder ganz für sich sind. Das halten wir, Mike und ich, für sehr wichtig, damit keine Abhängigkeiten entstehen und wir uns selbst aus der Verantwortung entlassen.

Dann ziehen Mike und ich unsere Fäden und Flügel zurück, und das Seminar, der Workshop ist beendet. Und das ist er auch wirklich, es gibt hinterher keine Fragen mehr, sonst müssten wir die Energien wieder rufen, und es würde unklar. Wenn Schluss ist, ist Schluss. Kannst du das für dich anders regeln, dann tue das, für uns ist es wichtig, einen deutlichen Anfang und ein deutliches Ende zu setzen. Es hat etwas mit der Selbstverantwortung der Teilnehmer zu tun, während des Workshops zu fragen. Wir sagen im Seminar immer wieder: »Fragt jetzt, nach dem Workshop ist Schluss«. Wenn ein Teilnehmer während des Workshops auf uns zukommt und fragt, ob er uns hinterher noch einmal sprechen darf, oder wenn wir spüren, dass da noch etwas offen ist, sind wir natürlich da. Alles andere wäre verantwortungslos.

Aber sorge bitte unbedingt dafür, dass deine Teilnehmer deine Grenzen achten, das ist wichtig, denn erstens wirst du sonst ausgelaugt, nachdem das Seminar schon fertig ist und du womöglich nicht mehr so sehr auf deinen Schutz achtest, und zweitens darf jeder lernen, Grenzen zu achten.

Weißt du, was passiert, wenn du dich energetisch aussaugen lässt? Du wirst passiv-aggressiv. Du grollst unterschwellig und bist zwar nach außen hin verfügbar und freundlich, verzögerst und verweigerst aber, gibst dich nicht ganz hin. Das ist verständlich, einfach ein Zeichen von Überforderung. Dann nimm dir bitte so bald wie möglich eine Auszeit, und kümmere dich um deine mögliche Coabhängigkeit!

Nein sagen zu lernen ist gerade für Seminarleiter wesentlich. Kannst du das nicht, dann beschäftige dich ernsthaft mit dem Thema Coabhängigkeit – der emotionalen Sucht, gebraucht zu werden.

Nachwort

Lieber Leser, damit sind wir am Ende. Ich hoffe sehr, dir mit all diesen Hinweisen gedient zu haben. Sicher ist einiges für dich weniger hilfreich, lass es liegen, und nimm dir nur das, was dir nützlich erscheint.

Und nun ziehe ich meine Fäden zurück und lass dich los, du weißt selbst, was für dich am besten ist. Ich habe dir von Herzen gern gedient und traue dir unbedingt zu, deinen eigenen Weg zu finden. Ziehe auch du bitte all deine Fäden zurück, lass alle Projektionen auf mich los, und sei wieder ganz und gar bei dir.

Ich danke dir von Herzen.

In Liebe
Susanne

Über die Autorin

Susanne Hühn wurde 1965 in Heidelberg geboren. Schon mit fünf Jahren beschloss sie, Masseurin zu werden. Nach dem Abitur besuchte sie eine Schule für Physiotherapie, machte 1986 ihr Staatsexamen und arbeitete danach als Krankengymnastin.

Der Zusammenhang zwischen dem Denken und Fühlen und dem körperlichen Symptom, das ihre Patienten jeweils zeigten, interessierte Susanne Hühn besonders, und so absolvierte sie Ausbildungen und Seminare zum Thema ganzheitliche Medizin. Mit 28 Jahren ließ sie sich zur psychologischen Beraterin ausbilden. Aufgrund eigener Themen kam sie auch in Kontakt mit spirituellen Therapieformen wie Kinesiologie und Reinkarnationstherapie nach Rhea Powers.

Parallel zu ihrer Tätigkeit als Physiotherapeutin begann Anfang der Neunzigerjahre Susanne Hühns Weg als spirituelle Lebensberaterin und Meditationslehrerin. Zudem fing sie 1992 an zu schreiben. Nach wie vor faszinierte sie der Zusammenhang zwischen Körper, Geist und Seele, und so begab sie sich auf ihre eigene Forschungsreise. Ihr erstes spirituelles Selbsthilfebuch entstand 1999 und wurde im Schirner Verlag veröffentlicht. Im Jahr 2005 beendete Susanne Hühn ihre Tätigkeit als Physiotherapeutin. Seither widmet sie sich ganz der Lebensberatung und dem Schreiben von Büchern, Artikeln und Geschichten.

www.susanne-huehn.de

Außerdem von der Autorin erschienen im

Susanne Hühn
In meiner Kraft bleiben
Wie Energie aus Seminaren im Alltag wirksam wird

160 Seiten
978-3-8434-1124-0

Kennen Sie das? Sie haben ein intensives spirituelles Seminar besucht, dort viel gelernt. Sie sind euphorisch, wollen alles Gelernte sofort in Ihrem Alltag umsetzen. Doch zu Hause, weit entfernt von dem Wissen, dem Mitgefühl und der Aufmerksamkeit des Seminarleiters und der anderen Teilnehmer, »verpufft« diese Energie ungenutzt. Und Sie fallen in ein Energietief. Susanne Hühn möchte Sie – ob Sie nun Seminarteilnehmer oder -leiter sind – wwdabei unterstützen, die Kraft, die Sie im Seminar bekommen haben, auch im Alltag zu halten. Anhand von Übungen, Meditationen und zahlreichen Beispielen lernen Sie, wie Sie dieses Potenzial in aktive Handlungen umsetzen können. Lassen Sie Seminare Ihr Leben verändern!